制胜谈判
36步骤达成合作双赢

游梓翔 著

中国友谊出版公司

图书在版编目（CIP）数据

制胜谈判：36步骤达成合作双赢／游梓翔著. —北京：中国友谊出版公司，2019.9
ISBN 978-7-5057-4737-1

Ⅰ.①制… Ⅱ.①游… Ⅲ.①谈判学—通俗读物 Ⅳ.①C912.35-49

中国版本图书馆CIP数据核字（2019）第089512号

书名	制胜谈判：36步骤达成合作双赢
作者	游梓翔
出版	中国友谊出版公司
策划	杭州蓝狮子文化创意股份有限公司
发行	杭州飞阅图书有限公司
经销	新华书店
制版	杭州中大图文设计有限公司
印刷	杭州钱江彩色印务有限公司
规格	880×1230毫米　32开 7.625印张　163千字
版次	2019年9月第1版
印次	2019年9月第1次印刷
书号	ISBN 978-7-5057-4737-1
定价	45.00元
地址	北京市朝阳区西坝河南里17号楼
邮编	100028
电话	(010)64678009

序

走完这 36 步,你将成为谈判高手

我教授谈判课程很多年了,刚开始时,最常被学生问到的一个问题就是:为什么要学谈判?

理由很简单,在很多场景下我们都经常需要进行谈判。

首先,由于经常需要进行谈判,我们总不希望在谈判中吃亏,被人占便宜,甚至是上当受骗。如果有人对你说:"我给你的是最好的价钱,不要再杀价了。另外,千万别把这个价钱说出去哦,说出去,我这生意就做不下去了。"这话你相信吗?

如果没学过谈判,你可能就信了。可是如果你对谈判有所了解,就会下意识地产生质疑。他要你"千万别说出去",其实是会让你误以为"好像他的价钱不错"的一种手段。所以不能因为听了这句话就相信他,必须掌握更充分的信息才行。

其次，除了不想在谈判中失利，我们也希望能够在谈判中打个胜仗，有所获益。同样，你对谈判一无所知，可能心里想卖多少钱，嘴上就说要卖多少钱；心里想付多少钱，嘴上就说出多少钱。而学过谈判的人都知道，多数人都会希望杀一杀你的首次出价，所以如果你真想以某一价格出售产品或服务，开口时就要说多一点；如果你想以某一价格购入产品或服务，开口时就要说少一点，这样才能帮助你赢得更多。

最后，很多情况下，我们不只希望在一场谈判中分出输赢，更希望谈判双方都能有所获益，这也就是我们常说的"双赢"。对没有学过谈判的人，双赢经常只是挂在嘴上而已，不见得落实。但如果你学过谈判，你就知道其实双赢是做得到的，而想要达成双赢最关键的就是要**创造价值**。

比如，当你要求对方在价格上多让你一点时，你也让步一些对他而言有价值的东西。有些人其实并不在乎金钱上的让步，他要的是你的尊重和赏识。这样，你赢得了金钱，他赢得了赞赏，你们都拿到了自己想要的东西，也就达到了双赢。

如果你懂得谈判，愿意用谈判来解决问题，那就拥有了谈判筹码，而当你学会如何用谈判来防骗、获利、双赢时，你也就具备了谈判能力。这种能力将会成为你生活、工作中的一大助力。在工作中，个人的谈判精神和谈判能力甚至决定了整个企业的竞争力，诸如员工代表公司去与合作伙伴进行商业谈判；而在生活中，个人的谈判底气和谈判能力则影响着一个家庭的生活质量,诸如社区基础设施的沟通谈判。除了以上两点,日常生活中我们还常常要为了"爱"而谈判。没错,谈判也会发生在你和你所爱的人之间,如父母和孩子、丈夫和妻子。而此时谈判素养与谈判能力也可以助你一臂之力,解决"爱的小问题",提升家庭幸福指数。诸如父母在规定孩子晚上上床睡觉的时间时,不是以命令的方式去强制孩子,而是以商量的态度让双方都满意。这样不仅可以培养孩子遇事商量、沟通的习惯,也会让亲子关系变得更加融洽。

在本书中,我会依次介绍谈判的 36 个步骤,带领大家认识什么是谈判、我们该如何准备谈判、在谈判中又该如何开场,以及怎么和谈判对手互动、如何争取协议达成、如何增加自己的谈判筹码等知识与技巧。

我相信,在谈判的 36 个步骤上每多走一步,你的谈判能力就会提高一些,离你所想达成的目标也就更近一步。

如果你想要培养谈判素养,提高自己的谈判能力,或是想要洞悉别人的谈判策略,明晰对方的真正需求,在谈判中为自己创造更好的发挥空间,获得更多的利益,那么翻阅本书,你定会有所收获!

目
contents
录

序　走完这36步,你将成为谈判高手

第一章　战略布局

　　01　谈判素养：用交换来达成协议　　// 003

　　02　谈判八句话：训练你的沟通能力　　// 007

　　03　需求三维度：评估谈判的必要性　　// 014

　　04　哈佛期望矩阵：找出更好的谈判选项　　// 020

　　05　四种实用战略：给谈判布个局　　// 026

　　06　创造双赢：辩证地看待输与赢　　// 033

第二章　谈判准备

　　07　议题分析：判断可接受的提案　　// 039

　　08　NOKIA模型：应对五种谈判议题　　// 046

　　09　需求分析：找准双方的需求点　　// 053

10　价值评价：谈出更好的价格　// 059

11　情绪管理：克服谈判的三种畏惧　// 066

12　心理管理：掌握六大谈判心法（上）　// 073

13　心理管理：掌握六大谈判心法（下）　// 081

第三章　实战演练

14　开局阶段：两步拥有有利局面　// 091

15　磋商阶段：利用价值创造推进谈判　// 098

16　不等值交换：找到双方的价值点　// 105

17　FCUK 模型：四种方法成功说服对方　// 111

18　应答技巧：正确地说"不"与"好"　// 116

19　终局阶段：利用"和局"化解"僵局"　// 123

第四章　对抗攻守

20　谈判筹码：提升自己的谈判优势　// 131

21　资源战：为对方创造利益或造成伤害　// 137

22　情报战：知己、知彼、知局、知知　// 143

23　时间战：让对方陷入焦急状态　// 150

24　选项战：拥有离开谈判桌的权利　// 155

25　BATNA 选项：找到你的最佳备案　// 162

26　三种实力：打造你的"威魅力"　// 167

27 谈判三点理论：构筑谈判防御体系　// 173

第五章　对话合作

28 角色决策：选择做羊还是做狼？　// 181

29 突破"囚徒困境"：提升双方的合作意愿　// 186

30 阿瑟洛德法：在多回合博弈中达成合作　// 191

31 信任关系1：发挥承诺的最大效力　// 196

32 信任关系2：让信任更有分量　// 202

33 A to H 模型：改善沟通效果　// 208

34 EAR 模型：强化合作关系　// 215

35 对话的战术1：以利益为中心　// 221

36 对话的战术2：以议题为中心　// 229

第一章 战略布局

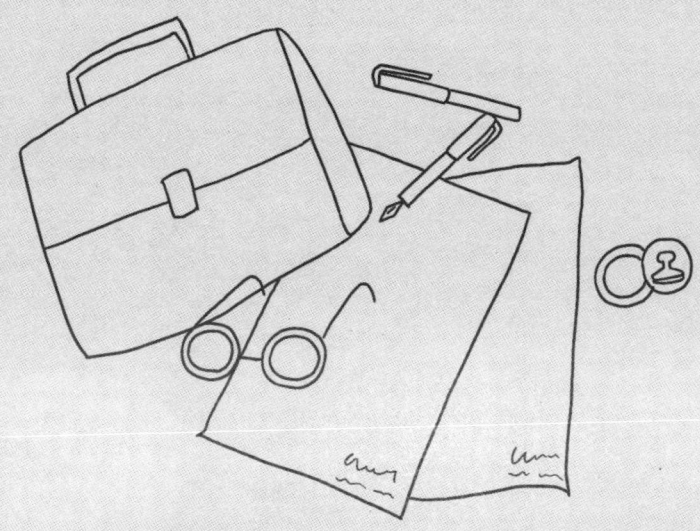

01 谈判素养
用交换来达成协议

在日常生活中,每个人都会遇到需要谈判的时候。谈判其实远比你想的要普遍,只要是跟他人互动,就会有非常多参与谈判的机会。

中国人在大年三十有阖家团圆吃年夜饭的习俗。一般丈夫会先带着妻子回自己的父母家。历经吃年夜饭、年三十守夜、初一拜年等一系列习俗之后,直到初二上午才离开去女方家里。但往往到了女方家里,吃完午餐,有些丈夫觉得习俗算是结束了,就要离开。如此一来,女方心里就会觉得很不舒服,那么男方要怎么解决这个问题呢?

这时候就要发挥**"谈判素养"**了。所谓谈判素养,即当双方发生冲突时,用商量、交换、沟通、理解的方法来解决争端。

如果女方说:"为什么每次年三十都要回你家,和你爸妈吃饭呢?"这时,男方如果有谈判精神的话,就可以这样回答:"老婆,辛苦你了,我知道你也想陪你的父母,但是你也知道,这是我们的习俗嘛。"这里的习俗,用谈判的术语来说,即惯例,也就是说,一般都是这么做的。这比毫无技巧地回答"不然你想要怎样"要好得太多。

如果女方反问道:"为什么在你家待这么久,在我家却只待了半天呢?"这时,男方要么做出妥协,在女方家也多待些时间;要么换个思路说:"抱歉哦,是我的疏忽。我知道你为我家付出了很多,为了弥补你,等下我给你买个包,谢谢你孝顺我的父母。"在这里,丈夫就用了感谢和小礼物来跟妻子交换,让她愿意在男方的父母家里待更长的时间。

所以,当我们有分歧、有争议、有需求不能满足的时候,就可以用谈判的方式来解决。然而,很多人对谈判的理解仅限于以下两个场景:

一、商业谈判

如果你代表某家企业去向另外一家企业购买它的产品和服务，这时双方会坐下来谈一谈产品是什么规格、服务是什么内容、价钱是多少、什么时候交货……当你们沟通这些事情时，就是在参与企业和企业的买卖谈判。

此外，有些买卖发生在个人身上，比如买东西时的杀价，就是在为自己谈判。你能够利用有限的财富换取到多大的利益，与你是否具有谈判素养和具备的谈判能力有关。

所以在企业买卖中，你必须靠谈判增加企业竞争力；在个人买卖里，你必须靠谈判来扩大自己的购买力。

二、国际谈判

我们经常会在新闻里看到国际谈判。例如一个国家希望另一个国家配合做某件事，或是一个国家觉得遭遇到某个国家的不公平对待，就可能利用谈判的手段。国际上最常用的谈判手段，一种是经贸手段，另一种是军事手段。

比如某个国家要求另一个国家听取意见，如果对方拒绝，就用提高关税的手段对付他，来让他在某些议题上让步，这里运用的就是经贸手段。如果某个国家利用军事演习来震慑另一个国家,迫使对方在某些核心议题上让步,运用的就是军事手段。

不仅上述的商业谈判、国际谈判是谈判,情感沟通、企业合作等都是谈判。这些谈判都有哪些共同的要素呢?

简单来说,构成谈判有四个要素:

1. 谈判通常发生在双方之间。

2. 双方之间存在某种矛盾。要么是己方要的对方不给,或是对方想要的得不到,因矛盾而引发了谈判。

3. 牵涉到某种交换。如果双方都没有商量的意愿,那就不是谈判。而如果有一方愿意通过条件的置换或是让步而达成目的,那就是谈判。

4. 协议。谈判的目的就是达成协议。

当双方发生矛盾时,我们试图通过交换的形式来达成协议的过程,就是谈判。只要你参与了具备这四个要素的活动,那就是在参与谈判。

在参与谈判解决冲突及矛盾时,一定要结合谈判四要素,去发挥谈判精神:做到可交换、可商量、愿意沟通、能够理解,以谈判精神去解决问题。如果能够做到这样,那么无论对我们的人际关系,或是为满足双方需求最后达成的协议,都将有正面帮助。具有谈判精神的谈判,更能帮助双方达成满意的结果。

02 谈判八句话
训练你的沟通能力

想知道自己的沟通能力有多强,看看自己的谈判 IQ(智商)有多高,我们可以根据卡瑞尔和海佛林两位美国谈判学者综合谈判文献整理出来的八句话,来做一个是非题。

这八句话分别是:

1. 谈判高手是天生的;

2. 经验是最好的老师;

3. 谈判高手会冒险;

4. 谈判高手有过人的直觉;

5. 谈判高手会让步;

6. 谈判高手不说谎;

7. 谈判高手会创造共赢；

8. 人人都是谈判者。

第一题：谈判高手是天生的吗？

如果我先问你，篮球高手是不是天生的？你或许会立刻告诉我，当然有先天优势的部分，往往身材高大的人打篮球更有优势，而身材矮小的则具有劣势。但光有先天优势是不够的，没有人生下来就懂怎样投篮，就算他个子高、身体壮、眼力好，也是要练习的。更重要的是，没有人先天就懂得篮球规则和篮球战略，而这些更需要后天学习。

再来看谈判，先天优势对谈判的影响比起篮球会更少一点，因为谈判其实是一种高战略性的沟通活动。它不像日常聊天谈话那样随意，虽然我们经常聊天，但却不会为聊天做什么准备工作。而在正式谈判中，竞争双方都会预先做规划和准备。

所以，类似谈判这种战略性较高的活动必须依靠学习和练习，才能获得胜算。正如两军对垒，你不仅需要对兵法了如指掌，同时还要勤于练兵。

因此，谈判高手并不是天生的，必须依靠后天的苦练。

第二题：经验是最好的老师吗？

如果你经常参加谈判，一定会获得很多成功和失败的经验，那么这些经验能不能帮助你增进谈判能力呢？答案是不一定。久病或许能够成为良医，但如果你认为光靠久病就能取代那些在医学院系统学习过的专业人士，那就大错特错了。要增进谈判的能力，最需要的就是前文所述的"学习加练习"。

学习什么呢？学习谈判的知识。这些知识来自许多人的经验，然后相关的研究人员将其归纳总结，提炼为理论，使之成为有用的知识。练习什么呢？练习就是去实践你所学到的知识。

比如，你不看地图、不开导航，就在路上飙车，或许里程数和道路经验都增加了不少，但你一定能到达目的地吗？答案是否定的，甚至很可能你只是一直在一个区域里原地打转。所以，学习知识可以帮助我们借鉴别人的经验；实践知识则会让我们更容易积累经验，增强自己的谈判实力。

因此，经验不是最好的老师，学习与练习才是最好的老师。

第三题：谈判高手会冒险吗？

我们在电视里看到的谈判高手总是带有些赌徒性格，为了一决输赢而不惜孤注一掷。不过请注意，在谈判中我们不需要这种不顾一切的"狂人"。谈判中所有的冒险都必须经过评估和计算，这都是一种战略。

如果你想通过一些无厘头或是疯狂的途径来威逼利诱对方达

成条件,通常会出现两种情况:一是对方根本不在乎,你也无法达成目的;二是即使对方迫于无奈当下答应了你,这样的谈判也根本不会长久。因为在对方眼里,你不过就是在撒泼耍赖,不但形象不好,效果也不佳。

因此,谈判高手会评估和计算之后的冒险。

第四题:谈判高手都有过人的直觉吗?

我们不得不承认,有些人在谈判时的确拥有不同常人的直觉。

简单来说,他没有经过什么逻辑思考运算,就可以直接做出反应。好比你跟他人拳脚搏斗时,你用直觉就可以决定如何防守,如何攻击。当这样的直觉有一定的准确性——你总能挡住对方打来的拳头,而你出的拳总能打中对方,你或许就可以说"我的直觉过人"。

不过谈判能够只靠直觉吗?前文说过,谈判是一种高战略性活动,因此只靠直觉来进行谈判是不可靠的。就算以打斗为例,很多高手也是先学习了经过严谨设计的拳法,然后再反复练习,最后因为练习得很充分,所以反应才能非常快速。俗话说:"天下武功无坚不摧,唯快不破",许多高手并非都是靠直觉,而是靠勤奋的练习,配合快速思考才能快人一步。

因此,谈判高手未必都是直觉过人,过人的思考能力来源于背

后的勤学苦练。

第五题：谈判高手会让步吗？

很多人可能认为，谈判高手就是要赢得越多越好，让步就代表输，所以谈判高手一定不能让步；而事实刚好相反。会谈判的人都知道，让步是必要的。

全球排名前十的石油公司之一——盖提石油公司，其创办人是保罗·盖提，他的父亲告诉他："你不应该总想赚走买卖中全部的钱，你一定要让对方也有钱赚。一旦你落得个'不给别人赚钱余地'的名声，你就谈不成任何买卖了。"谈判亦是同理。如果和你谈判的结果必须是一边倒的全赢，你吃满汉全席而让对方喝西北风，那么还有谁会跟你谈判呢？

因此，谈判高手是会让步的，适度的让步反而可以让合作走得更远。

第六题：谈判高手不说谎吗？

你或许认为，既然说谈判充满战略性，怎么可能不说谎呢？就如战场上根本无法避免尔虞我诈之类的事情发生。没错，我们在谈判中会遇到很多人，其中不少人确实会说谎，所以我们要小心防范别人的谎言。

但是如果志在当一位谈判高手,那么你要知道,真正厉害的高手是不说谎的。因为说谎一旦被发现,你不仅没了信誉,也会失去对方的信任,这对你的谈判非常不利。而如果能累积信用让别人觉得你说的话很可靠,那将有利于你的谈判。

因此,谈判高手的基本原则就是诚信。

那是不是意味着所有谈判中,你都得一五一十、老老实实回答呢?在不说谎的前提下,你可以模糊回答。举个简单例子,如果你今年48岁了,别人问你几岁,你不想让人知道你的真实年龄,你可以回答:"40多岁",或者再模糊一点:"有点岁数了"。

第七题:谈判高手会创造共赢吗?

真正会谈判的人都知道,如果谈判中胜负分明,那么必定会有一方心情不佳,甚至是拒绝继续谈判。所以想要使双方都愿意将谈判进行下去,并持续合作,就需要创造共赢。这当然很难,后面我们会再介绍创造双赢的具体方法。

你或许会问:资源就这么多,怎么创造共赢?简单地说,一方面可以根据谈判双方的资源各取所需,另一方面也可以通过双方的合作来创造新的资源。所以千万别认为谈判只是在分配,谈判也可以是创造。

谈判的"判",左边是一半,右边是一把刀,即"一刀切两半"的意思。所以"谈判"就字面来看,是说我们"通过谈话来把东西分成两半"。这个说法其实只说出了谈判一半的定义,谈判不只是双方把蛋糕切两半,也可以谈成另外一种结果——通过合作做出更多的蛋糕来互相分得更多。

因此,谈判高手会通过创造新的资源,来创造双方的共赢。

第八题:人人都是谈判者吗?

如果你硬要说自己不是谈判者,那只有一个原因:你从来不跟他人发生冲突。但这怎么可能?人与人的相处过程中总是会产生矛盾的,有矛盾存在的地方就可能产生谈判,矛盾涉及的双方就会成为谈判者。

因此,谈判无所不在,人人都是谈判者。

通过谈判八句话的分析,我们可以得出如下结论:

谈判高手不是天生的,是靠后天学习的;经验不一定是最好的老师,必须通过学习跟练习来累积更有效率的经验;谈判高手不会随便冒险,他会评估风险;不能只靠直觉,要靠快速的思考。另外,谈判高手会让步,谈判高手不说谎,会创造共同利益,实现共赢,且人人都是谈判者。

学完这些,你就已经具备了一定的谈判 IQ,也为学习实际的谈判技巧做好了准备。

03 需求三维度
评估谈判的必要性

前文说过,人人都是谈判者,但这绝不意味着面对所有的需求冲突,在所有的场合都必须跟他人谈判。在谈判开始前,我们需要先问自己三个维度的问题:要什么?向谁要?要多少?这可以帮助你决定是否需要进行谈判。

一、知道"要什么",判断谈判的必要性

跟对方谈判是因为想要新手机,或是要新车?还是需要得到表扬,或是需要对方的道歉?有时你的需要是实质的东西,有时则是心理上的感受。

除了要搞清楚自己要什么，同时也必须问清楚"对方要什么"。每个人需求的东西通常是不一样的，就算用最简单的名和利来区分，每个人的偏好也有所不同。有的人把名看得比利重要，所以他会用钱去买名；有的人把利看得远远比名重要，所以即使算不上体面，也还是要赚钱；有的人则名和利都不在乎。所以你一定要明确"对方要什么"。

接下来你还要追问，你要的东西是不是非要不可？对方要的东西，是不是你非给不可？比如，是不是一定要把手机换成最新的iPhone，一定要一辆新车？没得到表扬又怎样？事情已经过去了，对方不道歉又如何？等你明确这些事之后，就知道有些东西不是非要不可。

一旦你决定放弃了需求或是让对方打消了念头，那么谈判基本的出发点就不存在了，也不一定需要谈判了。

二、知道"向谁要"，评估谈判的对象

如果通过"要什么"的追问，确定谈判是必要的，那么就要进一步去明确"向谁要"。假设你中意某个型号的手机很久，恰巧你的朋友刚买了这款手机，抽奖又抽到一部一模一样的，这时候这位朋友就成了可能给你手机的人。

但有时，光是找到一个可以给你所要的东西的人还不够。你还

要自问一下:"除了他,还有谁可以给我?"所以不要遇到一个合适的人就急着进行谈判,你得先冷静思考一下:"除了他,还有谁能够成为我的谈判对象?"

我们可以把谈判中双方的关系分成三种类型:**依赖关系、独立关系以及互赖关系。**

1. 依赖关系

依赖关系,即你有个需求,必须依靠对方来满足。依赖关系又可以细分为两种,一种是你可以依靠对方获得所需,但他并不是唯一的候选人;另一种则相对麻烦一点,即对方是提供你所需的唯一选择。

举个例子,比如你需要一架大型民航客机,全球的民航客机大都由两家主要厂商生产,一个是美国的波音(波音公司,世界上最大的民用和军用飞机制造商之一),另一个是法国跟德国合资的空客(空中客车公司,一家欧洲飞机制造、研发公司)。于是你就有了两个选择,这就是第一种依赖关系。不过如果你因为某种原因跟波音闹翻了,无法合作,转而只能依赖空客,这就变成了第二种依赖关系。

2. 独立关系

独立关系,即不靠对方,自己满足自己。继续上文的例子,如果最后只有空客能满足你,但你又怕完全被空客控制,失去谈判的主动权,那么最好的方法就是寻求独立关系,通过自主研发来满足需求。或者干脆放弃这个需求，回到前面所讲的："这个东西是不是非要不可？"

3.互赖关系

互赖关系，即相互需要的关系。比如，良好的夫妻关系往往都是彼此互补的，夫妻中需要分配主内主外的角色，一方主要负责家庭的经济来源，而另一方则负责打理日常家务，维护家庭关系等等，这样互补的关系能更好地维持家庭的和睦。

在上述三种关系中，相互依赖的关系是最有利于谈判的。

三、知道"要多少"，设定谈判的目标

哈佛商学院教授迈克尔·惠勒曾在《谈判的艺术》一书中讲了这样一个故事：

> 故事的男主角，我们暂且叫他小张。小张跟一对老夫妇相熟，老夫妇住在海边的大豪宅里。不知为何，老夫妇20年来没有收到过豪宅的房屋税税单，也没有交过任何房屋税。后来发现是收税单位的疏忽，有一天他们突然收到了补税通知，税额惊人。于是老夫妇决定，要从海边的豪宅搬到较小的房子去。因为两人没有孩子，所以就跑去问小张："我们的海滨豪宅以250万美元的价格卖给你，好吗？"小张对房价颇有了解，他知道

这么大的豪宅卖250万美元非常便宜，但因为自己没有足够的现金，就去找更有钱的小李，想要合资把房子买下来。

小李在了解情况之后，认为这个投资十分不错，不过他对小张说："你得去砍个价，哪有谈判不杀价的？你去把250万砍到225万，我们再成交。如果老夫妇坚持250万，到时你再接受就好了。"小张其实有点犹豫，他认为老夫妇开的价已经比市场行情低很多，真的还要杀价吗？结果小李告诉他："你这个傻瓜，任何东西都是可以杀价的。"最后小张只好勉为其难地跑去杀价，毕竟小李是金主，总得给他一个交代。

结果，小张刚和老夫妇开口杀价，老夫妇就生气地说："我们是因为把你当成自己的孩子才给出如此的低价，你竟然还来杀价？"于是老夫妇收回了250万美元的提议，另外去找房屋中介。不到一年，就以1100万美元的高价将海边的豪宅卖了出去。

如果明明知道250万美元是个很划算的价钱，那还要不要继续谈判呢？你要先问清楚自己"要多少"，如果已经了解到行情，深知250万已经是得到很多便宜了，就不必贪得无厌想要更多。所以这时根本不需要谈判，直接接受对方的第一个出价就可以了。

此外，从这个例子中，也可以看出谈判前的准备工作非常重要。我们必须对市场的行情有一定的掌握。就像你去跟领导要求加薪，或是求职时对薪资提出要求时,总要先对类似工作的行情有一定了解。既不要妄自菲薄,也不要狮子大开口。

总之,在谈判前一定要问自己"到底要多少",拿到心理价位之后,见好就收。

在谈判前,我们需要利用"要什么""向谁要""要多少"这三个维度的问题,来判断谈判是否有必须进行。

首先,要明确自己"要什么"、对方"要什么",再进一步考量双方的需求"是不是非要不可/非给不可",继而判断出谈判是否有必要进行。如果谈判是必要的,就进一步去明确"向谁要",寻找到更多潜在的谈判对象。如果谈判对象确定好,就要充分地掌握市场行情,以便决定"要多少",根据行情设定一个合适的谈判目标或是心理价位。

在谈判前利用三维度去对谈判进行一个整体的评估,可以使我们掌握主动权,在谈判中更加游刃有余。

04 哈佛期望矩阵
找出更好的谈判选项

谈判具有很高的战略性。谈判高手通常会事先思考好自己的谈判目的，以及达成目的的最佳方法，并拟定好一个作战计划来跟对手谈判。所以，如果想要熟练地进行谈判，就需要不断地进行学习与练习。如果在谈判中只是随性而为，面对手握作战计划的对手，通常都会溃不成军。

我们可以将谈判的过程比喻成军事作战。根据作战的规模、参战势力及士兵数量等因素，可将军事作战细分为战争、战役及战斗。战争，是指一个势力对抗另一势力的战斗，必须以一个势力的失败或双方谈判言和才算结束。战役，是指在某场战争中或一定的时间阶段里，参战双方一次或多次大规模地交火。在一场战争中，往往会有多个战役存在。而战斗的场景则更加普遍化且细碎化。

那么在谈判里,战争、战役和战斗分别代表什么呢?

战争代表着你的企业与其他的企业之间的竞争。企业要生存,就必须跟对手竞争,赢得顾客,赢得市场份额。简而言之,企业之间的战争就是要为企业赢得生存与发展的机会。

战役则代表着你的企业为了赢得生存发展,从而需要进行的谈判。战役的目的最终是为了赢得战争,所以有时我们会为了最终赢得战争,而故意输掉或放弃一场战役。谈判也是同理,有时多做一些让步,表面上看起来是输了,可是如果因此赢得盟友,且这个盟友有利于你最终赢得企业的生存发展,那就是值得的。

战斗则是为了完成战役目标而做的攻击和防御。如果说谈判即战役,那么战斗可以说是各个议题的攻防战。同样,你不必赢得所有的议题,正如前文所言"谈判高手有时会做出让步"。实际上,战役对应的是谈判中的战略问题,战斗对应的则是战术问题,战略和战术对于谈判都非常重要。

我们在上一节介绍了谈判开始前要仔细思考的三组问题——"要什么?向谁要?要多少?"其实这些问题都是战略性问题,可以帮助大家判断这场谈判有无必要,这场战役是否要参加。那么如何提升谈判前的战略思考能力呢?在谈判的战略思考方面,美国哈佛大学的迈克尔·惠勒教授曾经提出一个"期望矩阵",我们可以简单称之为**哈佛期望矩阵**。

这个矩阵是要帮助我们在思考要什么、向谁要,还有要多少的时候,多问自己两个问题:

第一,如果我能谈成的话,我赢到的利益多不多?

第二,我跟对方谈判成功的机会大不大?

这两件事合起来就可以进一步帮我们思考这场谈判是否需要参加。

根据两个问题的答案,惠勒的期望矩阵总结出谈判的四种可能性:

1.利益大,赢得的机会也大的"丰收谈判";

2.利益小,赢得的机会却很大的"红利谈判";

3.利益大,赢得的机会却很小的"冒险谈判";

4.利益小,赢得的机会也很小的"绝路谈判"。

根据这四种可能性,我们可以做出相应的战略决定。

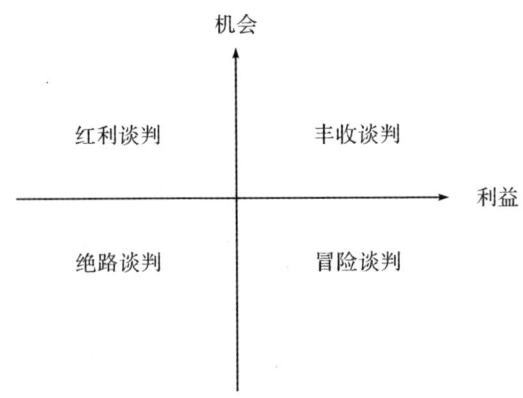

第一种可能性:"丰收谈判"

如果你正要参加或可能参加的谈判是一种利益大、机会也大的谈判,那么这种谈判就是惠勒教授所说的"丰收谈判"。此时你或许会很兴奋,但也要提醒自己,丰收的机会是不常出现的。

比如你要到某个客流量很大、车位难求的商场附近去找停车位,结果恰好找到了一个位置很好的停车位,并且很幸运地把车停了进去。一次找到好车位可能是运气,但如果每次都能找到很好的车位,就一定有原因了。第一个原因可能是你误判了,这个车位可能没那么好,这个商场其实还有更好的室内停车区;或者你恰好有个特殊优势——这个商场的停车位都很小,而你的车子刚好也很小,所以别人都停不进去。

所以,你一定要弄清楚,自己在谈判中是否能够获得实在的利益,并且成功的概率也很大。如果是,你才可能真正的"丰收"。

第二种可能性:"红利谈判"

惠勒教授将利益小、机会却很大的谈判称为"红利谈判"。或许你要问,如果谈了半天,只能拿到红利却拿不到丰收,这样是不是太保守了一点?是不是应该争取更多的东西?

继续以停车位举例。如果你急匆匆地将车停在一个离商场很远的车位,结果在下来步行的过程中发现了更好的选择,此时你就应该检讨自己是否过度保守了。有时候勇敢一些可以拿到更多的红利,甚至还能达到丰收,但前提是事先你得充分地审时度势。

第三种可能性:"冒险谈判"

对于利益大、机会却很小的谈判,惠勒教授称之为"冒险谈判"。这时候你要问自己,如果花费了很多时间去准备谈判,目标很大,但成功率却不高,是不是应该降低目标来提高成功率,以避免投入太多却最终一无所获?

这就好比明明有很合适的停车位,你不停,非要找一个更近的车位,结果绕了一小时却一无所获,还白白浪费了时间。所以到底要不要冒险,你需要思考清楚。

第四种可能性:"绝路谈判"

谈判还有一种可能的结果,即利益小、机会也很小,惠勒教授称之为"绝路谈判"。

比如一个小商场的停车位少之又少,几乎找不到,你还花时间在附近寻找车位,就算运气好找到了,进了商场之后却发现根本买不到想要的东西。这不是自寻绝路吗?这时你应该考虑的是,是否要放弃这个商场,另寻目标。你要时刻提醒自己,不要在绝路上浪费时间。

总之，在谈判开始前，利用"需求三维度"去判断谈判的必要性之外，也要进一步利用"哈佛期望矩阵"，通过判断可获得的利益以及赢得的概率，去预见谈判可能的结果，并以此为依据做出谈判战略的调整，通过攻、防、退、守，找到更利于自己的谈判选项。

05 四种实用战略
给谈判布个局

如果想要增强自己的谈判能力,可以运用谈判的四大战略来达成目标。这四大战略基本决定了你对于一场谈判的态度。

在具体选择使用哪一种战略时,需要考虑如下两个问题:

一是谈判所涉及的事物对你是否重要?

二是你和谈判对象的关系对你是否重要?

所谓重要的事物,即对你来说具有很高价值的事物。所谓重要的关系,即你能与谈判对手建立起长期往来的关系,或是你对某个企业或个人有所依赖,这两种关系在谈判中尤为重要。这二者的重要性将决定你要运用下述哪一种战略去应对谈判。

一、退避战略

如果谈判涉及的事物对你而言不重要,与谈判对手的关系对你来说也不重要,这时候,你应对谈判的最佳战略就是退避,即回避这场谈判。

比如,你在马路上开车遇到红灯停下,旁边的司机忽然按下车窗,对你骂脏话,嫌你开车太慢。此时你可能会生气,想与对方理论,但细想:开车快慢这件事对你重要吗?你按正常速度行驶,别人眼中的快慢对你根本不重要。你跟这个陌生司机的关系重要吗?当然也不重要,这个司机只是个陌生人而已。所以,这时候理应退避,不去理睬他,而不是浪费时间和他争论。

因为开启这样的谈判,无论输赢,从根本上都对你毫无意义。

二、退让战略

当谈判涉及的事物对你来说并没有那么重要,但与谈判对象的关系却对你非常重要时,就需要采取退让战略,即输掉谈判来赢得关系。

比如,你的老婆突然骂你:"没事挖什么鼻孔,难看死了!"此时,你要冷静地想一下,你与老婆的关系重不重要?当然重要,因为你们要长久相处,而且你还要高度依赖她;但挖鼻孔只是件小事。所以,这时候你就该退让,舍去自己的面子,最好再转移个话题:"呦,你这件衣服好漂亮",赢得老婆的欢心。

再比如,你是一家企业的老板,有一家跟你长期合作且是你高度依赖的企业,想和你促成一笔对你来说价值并不高的交易。一般情况下,选择同意是明智之举。

因为此时谈判涉及的事物并不重要,维系彼此的关系才重要。

三、对抗战略

如果谈判涉及的事物对你很重要,与谈判对手的关系却并不重要,这时候就要用到第三个战略:对抗。

有些谈判涉及的事物价值非常高,但是你和谈判对象的来往互动并不多,也并非高度依赖的关系。最常见的场景就是买房或买车的时候,无论销售员如何与你套近乎,处好关系,这些都不重要,拿到更低的价格才是最重要的。

对抗策略的思路是,为了多赢一点利益,就算牺牲点关系也在所不惜。对抗的目标就是自己要赢,对方赢不赢反倒是次要的。在对抗关系中,往往比的是谁的筹码更多。

四、对话战略

如果无论谈判涉及的事物,还是与谈判对象的关系,对你而言都非常重要的话,那你必须采取对话的方式。对话就是为了寻求双赢。

比如你有一个高度依赖的对象,对方能满足你许多重要的需求,这时候你只有以对话的方式来跟他谈判,才能寻求长期合作。

以上就是谈判的四大战略:退避、退让、对抗和对话。

在谈判中,不一定只是简单地运用一种战略,而会同时运用到两种战略。所以,你一定要掌握,哪些战略是可以组合运用的。

具体的战略组合方式有如下六种:

第一种组合方式:先对话再对抗

在谈判中,可以先以对话的形式,假装要与对方达成双赢,赢得对方的好感,从而让对方放松对抗的意志。先扮演一只友善的羊,但实质却是想要吃掉羊的狼,令自己在谈判中获得更多的利益。

所以,在对话的同时,也要具备随时对抗的机敏性。

第二种组合方式：先退让再对抗

有时候，我们可以先在谈判中采取退让的态度，让对方产生一种轻松获胜的错觉，但真正的目的是为了让对方放松警惕。等对方惊觉之时，采取对抗却已经来不及了。

这一招与历史故事里的"卧薪尝胆"异曲同工，越王勾践为吴王夫差，马也牵了，粪也挑了，表面上是步步退让，实质却是在暗地里积蓄力量，做好对抗的准备。

所以，表面上的退让并不意味着输，而是为了之后采取对抗的方式，更容易赢得谈判。

第三种组合方式：先退避再对抗

退避就是在得知暂时打不赢对方的情况下，先采取退避的方式逃跑，避避风头。同时在撤退的过程中，要设法壮大实力，一旦时机成熟，就采取对抗的方式杀回去。

所以，在谈判中，你不一定要立即跟人对抗，而是设法增加自己的谈判筹码，壮大自己的实力之后，再进行更有把握的对抗，为自己赢得更多利益。

第四种组合方式:先对抗再对话

在谈判中,可以先利用优势的筹码压制住对方,让对方知道自己是没有力量与你对抗的,之后再转以对话的面孔,去推动双方谈判的双赢。简而言之,就是先以对抗镇住对方,再以对话达成目标。因为对方已经知道,与你对抗是赢不了的,所以,对方会更珍惜跟你的对话,这样更容易达成你想要对话的目的。

第五种组合方式:先退让再对话

即不断地给对方东西、给对方甜头,等对方习惯了吃好处,对你产生了依赖,然后再跟对方谈一谈,我们怎么样双赢。这一招十分实用。先与对方培养密切的关系,然后再寻求双赢,那么谈判成功的概率自然也就提升了。

第六种组合方式:先退让再退避

在谈判中,先采取退让的策略,除了让对方放松警惕,也可以作为退避的缓兵之计。在面对强大的谈判对手,赢的机会渺茫时,不如先慢慢退让,同时默默准备脱逃计划。这样,便可以顺水推舟地采取退避策略,转而寻找其他能够满足需求的谈判对象。

总之,熟记退避、退让、对抗、对话这四大战略,在谈判前,根据谈判涉及的事物及与对手关系的重要程度,从而采取不同的应对战略;同时,也要灵活组合运用这四大战略,提前为谈判布好局,帮助自己在谈判中取得优势,提高谈判的成功率!

06 创造双赢
辩证地看待输与赢

有人会简单地用胜败或输赢来评判一场谈判。如果把谈判看成一场战役，多数人会希望自己是胜利的一方。但其实谈判不应只看彼此的胜败、输赢，还要把双方加起来作为一个整体的单位，看看共同的得失。

在谈判前，要先看看双方拥有的价值总和是多少；谈判之后，这个数据是增加还是减少了，抑或是维持原状。

谈判之后，如果双方拥有的价值总和减少了，那这场谈判就没有赢家，即"双输"，在谈判领域称为"**负和博弈**"；如果双方拥有的价值总和维持原状，有输有赢，或不输不赢，即"双分"（双方分配的意思），也叫作"**零和博弈**"；如果双方拥有的价值总和增加了，即"双赢",我们一般称为"正和博弈"。

为了更好地理解谈判中"输"和"赢"的意义,这里举个例子。比如妈妈要切西瓜,分给哥哥和弟弟,结果一刀切下去,切出的西瓜一大一小,这怎么办?

如果妈妈将大一点的西瓜咬几口,让它变得和小的一样大,就是在制造"双输"了。既然"双输"不是好方法,那"双分"呢?双分即公平对分,但实际情况很难做到如此精确公平,终究会回到问题的原点——到底谁吃大的,谁吃小的?因为没有人愿意做输家,所以"双分"也不是最好的处理方式。

看来只有谋求"双赢"了。如果冰箱里还有西瓜,就可以让弟弟先拿小的西瓜,妈妈再切一小块西瓜给足弟弟。但实际上,人类社会中遇到的多数分配都是在资源不足的情况下,就好比冰箱里已经没有多余的西瓜了。如果弟弟喜欢吃其他的水果,那么也可以用其他的水果来替代他少得到的那部分。

"双赢"的关键在价值创造,将更多的筹码拉进谈判桌,把饼做大,这样就可以建立起正能量的谈判,让双方共同胜利,且赢得开心。

谈判中的输赢远非表面所看到的那么简单。如果谈判属于"负和博弈",即便你比对方输得更少,那也绝不意味着你就赢了。一赢一输的"零和博弈"也不是最佳的结果,因为如果有一方老是赢,总是输的那一方很可能会积攒过多的负能量,从而采取非理性的手段让对方也输,这样就会致使谈判走向"双输"的境地。这就是为什么很多人在谈判前,会提前知会对方,尽量别玩"零和博弈",这样很伤感情,而且很容易"双输"。

所以,真正的谈判高手要努力追求"双赢",而想要达成"双赢",则需要做到两步:

第一步,去价值创造,把更多的资源拉上谈判桌。

第二步,让彼此增值,让双方都觉得自己拿到了更多。

反观前文提到的四大战略,对抗的结果经常是"双输"或"双分",只有对话才能够做到"双赢"。这就是在谈判中我们虽然难以避免偶尔跟他人对抗,但依然要尽力追求对话的重要原因。

第二章 谈判准备

07 议题分析
判断可接受的提案

谈判的第一个主要阶段即决定谈判的战略,你要评估自己是否要进行一场谈判,以及如果选择谈判,要采取什么样的基本战略。一旦确定和对方谈判,就会进入谈判的第二个主要阶段,即谈判的准备阶段。在这个阶段,最关键的工作是思考双方的**"谈判议题"**,以及要提出什么样的**"提案"**。

所谓谈判议题,即指谈判开始前,双方各自不同的立场或要求,也指可能发生矛盾的具体项目。而提案,则是将所有议题组合起来,达成一个总的立场和总的要求。

简单一点理解,我们可以把议题当成某个具体的考试科目,你在此议题上要谈成的事项,就是最后的得分,而提案则是所有考试科目的总分。当然谈判跟考试并不完全一样，考试是一人的主场，谈判则是双方一起考试。所以，最终的得分必须双方满意，且双方都必须为最后的得分负责。否则，谈判就可能破局，无法达成协议。

在对抗型的谈判里，掌握主动权的一方总希望自己的总分越高越好，而被动方只要及格就好。在对话型的谈判里，彼此都希望对方的总分能够提高，以实现**双赢**。

企业在进行谈判时，双方会各自提前准备不同的提案，各自的提案都有不同的立场或要求，然后彼此进行讨论、交换。比如在企业的采购谈判里，如果你是卖方，很可能会询问买方需要什么样的货品，以及货品的规格、采购的数量、交货的时间、地点等具体要求。先了解对方需求，然后针对具体的要求制定价格。所以，作为卖方，你最后的提案就是关于货品的规格、数量、交货时间、地点，以及价格的一个组合。而买方要思考的则是，他支付的价格与货品组合的价值是否相匹配。

当然，交换的过程并非总是如此简单的。有的时候，卖方提供给买方的不只是货品本身，可能还有货品的保修，即后续的服务问题。这就意味着在一场交换中，我们拿到的不总是只有钱，还有和对方后续合作的机会，或是由对方牵线所得到的人脉，因此情况也就复杂多了。

在有些谈判过程中，一方可能会提供多个提案让另一方来挑选。比如，我们作为买方去一个汽车销售中心，不同车款、规格和售价的组合，就等于是卖方提供给我们的不同提案。我们会对每一辆车进行打分，比较后会选择总分最满意的那一辆车，然后再跟卖方的销售人员进行谈判。这一过程可以概括为，由不同的议题形成组合，然后再构成提案，我们针对这一提案来进行谈判。

实际上，谈判中所涉及的议题与提案都很多，所以，事先的准备工作是颇具挑战的。下面，我们就来谈谈如何针对议题和提案做出更理性、更清晰的思考，以便做好议题分析。

具体的议题分析要明确三个问题：

一、己方具体要求什么，要求多少

相比之前在战略阶段所提出的"需求三维度"中，问自己"要什么"，议题分析中的"进一步要求什么"则更为具体。"具体要求什么"的问题可以继续细分为三类：**"我非要不可的""我想要的""我可以要的"**。

在谈判中，"我非要不可的"事项如果无法谈成，那么谈判就不必进行了。因此，在谈判之前，你一定要明确什么是自己一定要得到的。比如上文中的买车例子，在买车前，你需要明确的是，如果这辆车哪里不过关，你就肯定不买了？品牌还是质量？颜色还是性能？若把这些项目列为一定要达成的要求，那么它们就变成了"门槛"。如果对方没有通过"门槛"，没有达到你非要不可的要求，那么谈判也就自动结束了。

"我想要的"即你希望在谈判中能谈成的事项，它们通常用来提高谈判总分。依然以买车为例，对于品牌价值、二手车的保值率、马力的大小、车内内装的质量、智能设备的数量等等，你必须考虑这其中有哪几项是自己主要关注的，或是想要达到的标准。对于同样的一些项目，每个人都会有自己不同的权重。比如有人会把品牌价值看得非常重要，单这一项在他的满分标准里就占了 30 分。光这一项分数的高低，就大大影响了最终的决定。因此，"我想要的"与谈判总分有着密切的关系。在议题分析时,我们要弄清自己所想要的,并根据这一信息来对最后的谈判总分进行推测。当然,有时候我们会故意在谈判中把"可要项"说成"非要不可项",通过加强程度来迫使对方让步。

至于"我可以要的",同样属于加分项,拿到自然不错,不拿到也没关系。继续上文买车的例子,如果车中配有一些智能设备,对你而言用处并不大,但有了也可以加分,这就可视为谈判中的"可要项"。

搞清楚自己"非要不可的""想要的"和"可以要的"之后,接下来就要问自己,谈判成功的概率有多高?比如对方到底会不会给你"非要不可的"?如果对方坚决不给,谈判就没有必要继续了。如果对方给了,但自己"想要的"却没有达到及格线,是否可能通过谈判达成吗?比如可以通过多拿一些"可以要的"做一个补分项。

二、对方具体要求什么,要求多少

"对方具体要求什么"也可以简单分成三类:"**不给**""**能给**"及"**要给**"。"不给"即你绝对不会让步的事项。"能给"是你看情况可以答应的事项,不一定是一开始就要给的。"要给"则是当下即可承诺或兑现的事项。

在谈判中,有时候要把"能给的"说成"不一定"要给你的,甚至是"不能"给你的。这样,不仅能给我们的谈判留有余地,也防止我们在谈判中一次性给出太多的筹码而让自己陷入被动的境地。

三、多少总分是你的底线和你的满意线

各项议题谈成后获得的分数总和即提案,决定是否接受某项提案,就要看这项提案是否达到了你能够接受的最低限度,也就是你的"底线"。当然你还可以设定一个比"底线"更高的"满意线"标准。"底线"是必须拿到到,"满意线"是努力追求的。

继续以买车为例,若满分为 100 分,其中你认为品牌占 30 分,性能也占 30 分,内装占 20 分,价格占 20 分。现在有一款车,品牌不错,可以给它 27 分;性能中等,给 20 分;内装较好,给 16 分;价格偏贵,只给 8 分。这样,总共加起来是 71 分。如果总体上 70 分是你的及格分数,那么这辆车就可以买。

这个几个分数或是"底线"要怎么定呢?这和你的"其他选择"有关。如果眼前这款车,已经低于你给继续开旧车或是买另一家的车所打的分数,眼前这车当然不及格。

这种计分方式也告诉你,在决定是否接受某项提案时,不仅只是看某一项的分数,而是要看整体的分数。比如,有另一款车的品牌差一点,给 24 分;性能很好,给 18 分;内装也不错,给 14 分;价格很具竞争力,给 16 分。这样,总共加起来是 72 分。虽然你最关注的

品牌得分没有那么高，但是总体的分数却比之前的那一款车更高。

当然，一般人在谈判中，很难这么精确地来计算总分，但你一定要知道，绝对不能只用一种组合作为目标。比如，某个公司聘请你担任总经理，开出的条件是年薪 100 万元加上业绩奖金，这只是一个提案。如果年薪是 90 万元，除了绩效奖金，还有一定的认股权，是不是同样可以接受？抑或是给你 125 万元的年薪，但没有其他附加项，你也觉得可以吗？

谈判之所以这么复杂，就是因为在谈判过程中，双方的计分科目可能改变，科目的权重可能改变，总分的及格或满意标准可能改变，还有双方的态度也是风云变幻。所以做好议题分析很重要，这能让你在每一个关口保持头脑清晰。

08 NOKIA 模型
应对五种谈判议题

众所周知,谈判前议题的准备是十分重要的,但当你真正走进真实的谈判场景中时,议题的交换其实非常复杂,尤其是大型的谈判可能牵涉的议题非常之多,可能会令人无从下手。当然对于经验丰富的谈判高手来说,如果事先做了充分的准备,那么面对复杂的大型议题也能做到从容地应对。但对于谈判新手,或者谈判经验相对不足的人来说,想要迅速地掌握谈判中的复杂议题,依旧是有门径可循的。

我们将谈判议题交换的模型称为"NOKIA 模型"。诺基亚曾经一度是世界手机品牌的领军者,但在这里并不是要说它的故事,而是借用它的品牌名称"NOKIA"中的这五个英文字母,来说明谈判中的五大类议题,以及应对这五类议题的策略。

NOKIA 模型:

首字母"N"——"non"的缩写,代表无关议题;

最后一个字母"A"——"agree"(同意)的缩写,指双方都达成共识的议题;

第二个字母"O"——"objection"或"oppose"(反对)的缩写,意为己方反对或是对方反对的议题,可简单地视为反对;

第四个字母"I"——"insist"(坚持)的缩写,代表着己方的要求或对方的要求,与"O"(反对)相对,可将"I"视为要求或坚持;

最中间的字母"K"——"key"(关键)或是"king"(国王)的缩写,意为己方最重视的议题,即那些己方需要反对到底或坚持到底的议题。

现在让我们逐个说明"NOKIA"这五个议题在谈判中的重要性。

第一类选题"N"——无关议题

无关议题即与这场谈判毫无关联,不放在谈判议程里也没有影响的议题。

比如,谈判的主题是甲公司要求并购乙公司,而两家公司在会议室的命名上各具特色。甲公司习惯用"山"来命名,如黄山厅、庐山厅。而乙则喜欢用"国际城市"来命名,如纽约厅、巴黎厅。试问如果双方要合并,会议室的名字是否需要统一?

类似这样的议题,对两家公司是否合并其实毫无影响,假使合并后也可以保持原来的名字,两套命名系统并存。这类议题就属于谈判中的无关议题,根本不必上桌讨论。有时候在谈判中,为了避免扩大双方的争议,有些议题也可当作无关议题,维持双方存异的状态。

对于无关议题"N",标准的应对原则即**送进垃圾桶**,完全不必浪费双方的时间上桌讨论,彼此存异,尊重对方的不同就好。

第二类议题"A"——共识议题

共识议题即己方与对方一致同意或反对的议题。

比如,正在谈合并的两家公司都是对产品质量要求极高,且对员工非常照顾的公司,也就是说,两家公司在做好产品、关爱员工的观点与做法上具有共识。这种共识议题越多,就代表着双方的共同想法越多,代表着双方更有意愿去创造共同的利益。

对于共识议题"A",非但不应该送进垃圾桶,反而应该**着重强调**,甚至促使双方做到"celebrate"(庆祝我们彼此的相同)。无论在谈判前、谈判中还是谈判后,都要去不断宣扬这些双方认同的议题,从而去累积相互的好感与信任。

第三类选题"O"——一方反对的议题、第四类选题"I"——一方坚持的议题

我们将这两类议题放在一起看。最麻烦的情形无非是，你所坚持的("I")，恰恰碰上了我所反对的("O")，或是我所坚持的("I")碰上你所反对的("O")。就交换的角度，一定要一方放弃自己的坚持("I")或放弃自己的反对("O")，才有达成协议的可能。

对于这样的情形，最简单的应对方式即**交换得与失**。具体而言，你放下一个所坚持的("I")来听从一个我所反对的("O")，同时我也放下一个所坚持的("I")来听从你所反对的("O")，或是双方都放下一个自己所反对的("O")，即你给我一个，我也给你一个，双方都不要说"No"。当然交换的两者要符合价值公平的原则，因为没人会做亏本生意。

第五类议题"K"——关键议题

关键议题即那些需要**反对到底或是坚持到底**的议题。相当于在第三类选题"O"、第四类选题"I"前加上了"K"。但在谈判中，如果你不断地在"I"跟"O"议题前加上"K"，其实不是正确的谈判态度。因为"K"代表的是没得商量的议题，如果这种议题太多，谈判就很难

进行了。还有一种情况,如果你故意增加自己的"K"类议题,以虚张声势,但经常跟人谈判之后,你的"K"却往往就无法成立,对你个人的形象、声望、可信度都会造成不利的影响。

对于关键选题"K",最简单的应对方式,我给它取名为**王牌要小心用**。如果没拿到"K"这一关键选题,就意味着谈判是失败的。但如果"K"类的议题一大堆,谈判就一定会在谈判破局的边缘打转了,对谈判是没有任何推动作用的。

面对不同的议题,我们就要运用不同的应对策略。

试想这样的场景:假设双方在做汽车买卖的谈判,有些销售人员会在车子前面放一朵大红花,来庆祝顾客买到新车。对于是否要放红花或是具体放什么样的红花这类议题,双方可能会有不同的意见,但一般双方是不会在乎这些的,所以这类无关议题可以直接丢进垃圾桶。

如果你卖的是高质量的车,而对方也是要求高质量的人,那么"高质量"就构成了双方的共识选题"A"。所以你可以不断地告诉对方,你选择我销售的车,我选择你这位顾客,就是因为我们同样重视质量。

在接下来的谈判中,双方还可以交换一点"I"(坚持)与"O"(反对),比如买方要求快速交车,卖方不同意;卖方的出价,买方不同意。此时,双方就各有一个"O",卖方可以这样说:"我可以尽全力帮您争取以最快的速度交车,您就不要再跟我砍价了,好吗?"这其实就是"I"跟"O"的交换。

但如果某个议题是对方的关键议题"K",比如买方说:"如果你不能快速交车,我就不买了。"这时卖方可以试着劝劝买方,把"K"降级,以赢得一点谈判的机会。不过如果买方坚持绝不退让,卖方还有一招,即提出自己的"K"。比如售价低于某个数字后,卖方是不可能再退让的。此时,双方就制造了出了一个"K"换"K"的可能性。卖方可以和买方说:"好,那我去争取一个更低的价格,不过也请您不要再坚持快速交车了。"与此同时,双方也不应该忘记彼此的"A",因为这是双方信任的基础。

有时候,我们也可以通过将无关议题("N")变成己方所反对的议题("O"),来对抗对方所反对的议题("O")。比如卖方请买方在三天后的电话回访中,给自己的服务打满分。但是如果买方说三天之后自己特别忙,可能会漏接电话回访,相当于委婉地给了卖方一个反对的议题("O")。此时,卖方就可以将无关选题("N")变成反对的议题("O"),比如不能送给买方一个行车记录仪了,来保持谈判的公平,维护己方的利益。

所以,运用好"NOKIA"模型,可以帮助我们在谈判中更为顺畅地进行价值交换。其要点是:

1."N"要送进垃圾桶;

2."A"要反复去强调;

3."I"跟"O"要公平地交换；

4."K"记得要少用；

5.必要时才用"K"换"K"。

另外需要注意,要发挥创意去找到更多的"A"；有些时候可以将"N"变成"O",来争取更大的谈判利益。

09 需求分析
找准双方的需求点

在谈判中,我们想要达成的目的大致可分为两类:**一类是对于事物的需求,一类是对于关系的需求**。前者关乎物品,后者则关乎人。

一、对于事物的需求

通常,我们需要通过物品来获得**实质性满足**。某些物品具有特定的功能,这些功能可以满足我们的某些欲望,即功能性需求。比如,汽车所具备的载物功能为人们实现运输的需求,其载人功能则满足人们的出行需求;电脑具有文书和计算功能,可以满足人们的工作需求。除了功能性需求，还有一种实质的满足叫保值需求，即某些物品是具有市场价值的，可以利用它换到其他可以满足我们需求的东西。比如，很多人买房就是因为认定房子是能保值的。

除了实质性满足，一些物品还能让我们获得**心理满足**，给我们带来幸福快乐、荣耀自信，还有希望等等。比如，我们通过辛勤打拼终于买了一套房子，这能让我们感到快乐，同时也能满足我们的自尊心，觉得自己混得还不错。甚至有了房子之后，我们会觉得离自己的梦想越来越近，并产生动力去追求自己所想要的。再比如，有些人喜欢买大品牌的汽车。稍作调查，你就会发现，其中大部分人并不是冲着其功能性需求而买单的。相比普通汽车而言，并非特斯拉的各项性能都更好，有的性能甚至还有所不足。保值性更不用说，人们一般也不会因为保值需求而去买辆车。在我看来，大多数买大品牌汽车的车主就是冲着心理需求而去的——拥有一台别人都没有的车，快乐和自豪感可想而知。

营销界有一句非常有名的话："**不要卖牛排而要卖'滋滋'。**"什么意思？牛排多大块不重要，关键是牛排放在铁盘上滋滋作响的声音为大家带来的一种心理满足感。

因此，在谈判中，需求之所在即为价值之所在。

二、对于关系的需求

谈判中的第二类需求，即关系需求。人类有很多的需求其实是要靠其他人来满足的，正如穿了漂亮衣服没人看见又有什么意义呢？简单来说，快乐需求、荣耀需求和希望需求是要靠其他人来助燃的。而在谈判中，就要靠你的沟通表达能力来点燃对方的快乐、荣耀感和希望。

所以，你要不断设法告诉对方：他很好、很出众，未来充满无限可能。而你提供给他的东西是能让他的未来变得更好、更出众的。这种通过肯定、激励、赞赏等方式来满足对方的快乐、荣耀、希望需求，即为**小关系需求**。

小关系需求对谈判的成功是大有裨益的，相当于你不断地在给对方点赞，不断地让对方产生愉悦感、荣耀感等正面情绪。所以在谈判过程中，你一定要关注对方的心理感受与情绪。即使你达不到这种程度，也可以给予对方诸如"很棒！""好有智慧！"等称赞，这些话无疑都能够提升谈判中的正能量。

相对于小关系需求，**大关系需求**即双方通过谈判并达成协议后，对方可以通过这个谈判或双方的合作协议而得到更多人的合作关系。

比如，一家公司生产的软件占专业市场份额的80%，因此只要你与这家公司合作，购买并使用了这个软件，就等于与同样使用这个软件、占有八成市场份额的专业人士或专业公司接轨了。在这一过程中，你除了要用这个软件来满足自己的需求之外，更重要的是通过这个软件去接触到更多的关系。通常我们都要靠更多的关系，去更好地满足自身的需求。所以，如果通过这场谈判，通过达成这个协议，能够建立起新的人脉网络，就更能满足我们的需要。

大关系需求广泛地出现在企业谈判、国际谈判中。许多企业和国家通常都希望能够和另外一个企业、另外一个国家建立起合作关系，再经由他们来牵线搭桥，以此通往想要进入的市场和领域。在这种情况下，谈判方既想通过谈判来满足大关系需求，也想要通过人脉来寻找更多的机遇。所以，如果你所代表的企业或国家有这种人脉网络的优势资源的话，这绝对是你在谈判中最应该展示出来的重要价值。

三、合理运用两类需求

1. 提前满足对方的需求，正向推动谈判

在谈判中，有时我们会因对方的要求而做出让步，从而陷入被动。此时，不如提前思考一下对方对于事物或是关系可能会有的需求，以及我们可以通过什么途径去满足对方的这些需求，从而掌握谈判的主动权。

2.通过需求置换,满足自己的需求

对于事物的需求和对于关系的需求也是可以互换的。如果你经常赞美对方,愿意把自己的人脉关系分享给他,那么对方也就更加愿意与你合作,更容易满足你所需求的东西。比如有些人可以通过满足小关系需求而获得折扣,有些人可以通过分享人脉置换资源。再如平常逢年过节的电话问候,或是为对方准备一些简单的小礼物,都可以有助于拉近彼此关系,赢得人脉资源。

3.将需求作为威胁手段,达成自己的目的

我们在谈判中的需求,不仅可以用来正向推动谈判,还可以作为威胁手段在谈判中使用,即通过不满足对方的某项需求来逼人就范。当然这种做法多用在对抗性谈判中,但我并不提倡大家采取这种手段。因为当你用了这些方法,自然也会招致对方采取相应的对抗,两相厮杀,往往达不成双赢的局面。当然如果你的筹码足够多,用这种方法也可以简单粗暴地达成你的目的。

总之,领略并运用这两大类需求,就可以在谈判中实现价值创造,让谈判的饼变得更大。当对方了解到能够从你这获得更多的需求时,良好的互动合作关系就会因此展开。你能满足的需求越多,创造出的价值就越多,谈判中达成双赢或共赢的可能性也就越高。所以,要达成好的谈判结果,就要懂得创造价值,而创造价值的关键在于掌握如何合理地运用这两类需求。

其实无论是对于事物的需求还是对于关系的需求,都代表着在谈判中的某种价值,那么下一步,我们就来谈谈该如何判断、评价价值的高低。

10 价值评价
谈出更好的价格

在谈判中,通常你的需求在哪里,价值就在哪里。某个事物在谈判当中的价值高低,即所谓的评价问题。如果对方对于我们给出的交换项的评价较高,那么对方自然也愿以同样高价值的事物来交换。反之,如果对方对于我们给出的交换项的评价较低,那么我们就必须以更多的数量去弥补这一缺陷,才能换到预期所需的东西。

谈判是一种"give and take",即"给点东西"和"拿点东西"。决定谈判输赢的并不仅仅是"你给了对方什么,以及你从对方那里拿到了什么",还得参考给予和获得的事物的价值,而这就涉及了价值评价的标准。价值评价的标准一般分为**客观标准与主**

观标准。

客观标准主要有以下三点:

一、事物的售价或市场行情是价值评价最基本的标准

在谈判领域有一句经典的话,叫作"不会谈判的人,会拿西装跟别人换内裤"。试想如果拿一套西装换回来一条内裤,这算是合理交换吗?显然不是,这句话的言外之意是"你笨死了,西装换内裤是不划算的,怎么能拿西装换内裤呢?"究其原因,西装和内裤在市场价值上是有很大的差距,拿西装换内裤是亏本的。

但仔细想想,拿西装换内裤就一定划不来吗?为了找到答案,我特意在网络商城中寻找价格昂贵的精品内裤,结果还真发现某个品牌所售卖的男用四角内裤价格高达200多美元。那么有没有一件西服的价格是不到200美元或刚好200美元?当然有。如果我们用200美元的西装去换了一条200美元的内裤,还会觉得吃亏吗?

为什么精品内裤可以卖到跟廉价西装一样的价钱?众所周知,影响价格的因素有许多,比如这个精品内裤比较其他同类产品,在质量、设计、做工上都更为出色,再加上品牌的优势,价格也就因此较高。当一个产品其材料、设计、做工等方面高于平均水平时,大众对这个产品的评价就会有所改变。当品牌打造出自身的知名度,同

时就会提升自身产品的价值。比如由戈尔公司独家发明、生产的一种防水透气的布料叫作戈尔特斯（gore-tex），只要一标明某件衣服用了该种布料，往往其售价就会较高。

二、事物的独特性会提升价值评价

如果能够证明自己的东西在某些方面比对方的更好，即"me better"（我更好）；或是自己有的某种东西对方没有，即"me different"（我不同）；而且"me better"和"me different"在市场上具有唯一性，即"me only"（只有我有）；那么，这件东西的价值也会大幅提升。同理，如果对方指出自己的东西具有某一特色，你只要能说出来"me too",证明对方的东西并不是独特的,就可以拉低对方的价值,进而提高自己的价值。

比如,出售一辆德国品牌的车,你要告诉在德国品牌车中犹豫不决的买家:"你们喜欢的牌子是德国品牌,我们也是德国品牌",这样至少可以跟竞争对手打平;如果你卖的是奔驰,甚至还可以说"我卖的是奔驰,是德国最好的品牌",这样自然提升了自己东西的价值;但竞争对手如果是奥迪,他也可以说:"我也是德国品牌,跟你的价值是类似的"……这些就是"me too"的运用。如果竞争对手更厉害,他可以说:"我与众不同,我是个独特的品牌,我有独特的个性,开了我的车会让你感觉自己成了钢铁侠。"这就是"me different"。他还可以"我还特有高性能的四轮驱动技术 Quattro,"即"me only",竞争对手凭借"只有我有这种技术"而迅速提升价值。可见,独特性是一种能够改善评价的切实有效的方法。

三、事物的稀有性也会直接影响价值评价

如果事物稀有,供不应求,那么它的价值就会提高。比如有些企业会故意跟消费者玩"饥饿营销",明明货源充足,消费者完全可以买得到,却故意让消费者感觉自己抢不到,这些手段都能够有效地改善评价。

综上,市场、社会对于某种事物的评价构成了客观的评价标准。

所以在谈判前，一定要对事物的市场行情了如指掌。如果无法了解到事物在市场和社会上的评价，那么也至少要对此事物的价值做出辩护，去强调它的独特性、稀有性以及品牌。这些方法，都是利用一般公认的客观标准来提升事物的价值，同时也提高了此事物在谈判中的交换能力。

还有一种特殊情况——你希望用某项服务去跟对方交换东西。但因为通常情况下，服务前的评价会高于服务后的评价，所以一定要在服务之前谈好价格，甚至可以要求对方先付一部分定金或支付全额费用。

在谈判中，谈判方对于事物的评价标准除了市场、社会的客观标准，还会受到主观标准的影响。客观标准是公认的、来自群众的，而主观标准是自认的、来自个人或一小群人的。比如上文提到的"西装换内裤"的例子，如果一个人有十套西装而一条内裤也没有，那么此时内裤的价值对于他个人来说就会提高。同理，对于一个有十条内裤但没有一套西装的人，西装的价值显然更高。

所以，除了用客观标准告诉对方，我们给他的是一个公认有价值的东西；也可以用主观标准告诉对方，此事物对你而言是迫切需要的，或具有特殊的情感，事物的价值自然也会提高。

因此在谈判中，一方面要告诉对方，自己要给他的东西很有价值，即**抬高己方给予东西的价值**；另一方面也要强调对方给予自己的东西不太有价值，即**压低对方给予东西的价值**。如果能做到这两点,你就能够让对方产生一种感觉——他并没有付出很多,就可以从你手中换到一个很好的东西。比如,你可以告诉他:"这个东西这么好,你才给我这么点钱,那么你付的真不算多。"

当然,如果你希望用更少的事物来跟对方交换,比如要用更低的价格拿下对方手上的某件东西,你就要**反向操作**,说明对方的东西价值没那么高。所以,前文所叙述的方法都可以反向操作。你可以说对方提供的东西在客观上并不是好的品牌,也不独特、不稀有,或者告诉他"或许你品牌很独特、很稀有,但对我来说却没有用处",这一样可以降低对方东西的价值。

当然还有另外一些方法,例如"**拆分法**",即将对方用作交换的东西故意拆散成很多个小的单位。你可以跟对方说:"虽然你付给我的这笔钱总数听起来很多,但实际上相当于365天里每天吃一个包子的价格",凭借"拆分法"来告诉对方这个东西并不贵。

还有一种"**验光师傅法**",其本意是验光师卖一副眼镜,把镜框、镜片、配镜跟验光的费用分开来计算,会让人觉得每一部分的费用都很少。通常在眼镜店橱柜里标示的价格,都只是镜框的价格,会让消费者觉得很便宜,自然会掏腰包了。在谈判中,我们也可以效仿"验光师卖眼镜"的方法去进行谈判,让对方接受我们的提议。

除此之外,东西和关系也可以进行互换,这就涉及两者的评价问题。试想有人不断地跟你说好话,不断地表达对你的喜爱,你愿不愿意给他更低的价格,甚至是免费给他点小礼品?如果你愿意,那等于是给了他的关系建立一个很高的评价。可见关系是具有一定价值的,但这一价值并不是恒定的。有时候,我们得需要用许多东西才能建立起一个关系;而另一些时候,你即使动用了好多关系,也不一定能换到你想要的东西,这都跟评价有关。

由此可见,评价价值在谈判中是十分重要的。你需要用客观标准来告诉对方,你给他的东西很值钱,品牌是稀有独特的。同时你也要擅于利用主观标准,来判断对方对于你的东西是否具有特殊的情感,并借此令对方对你的东西做出更高的评价。人们普遍的心理是都喜欢用更少的东西换到更多的东西,所以你必须让对方感觉到这一点。正如很多销售人员都会对顾客说"你用了很少的钱就换到我们这么棒的东西,对你来说是非常划算的"。

简而言之,人们对事情的评价决定了双方的交换是否划算,是否收支平衡,也决定了谈判的输赢。

11 情绪管理
克服谈判的三种畏惧

在大家参与过的谈判中,有一些谈判是跟亲人或熟人在熟悉的场景中发生的;也有一些谈判是跟陌生人在陌生场景中发生的;还有一些非常正式的谈判,例如企业间或是国家间针对重大问题的谈判。

因为谈判总会牵涉到某种需求的矛盾,所以即使你面对的谈判对象、谈判场景是十分熟悉的,也还是会产生压力。如果面对的是陌生的对象和场景,压力自然变得更大。而如果你要参加的是正式谈判,谈判现场的高压更是令人难以承受。总之,谈判是一种经常让人感到焦虑和畏惧的活动,只是不同的情况下,程度不同而已。

前面几节介绍了谈判的准备阶段,包括思考谈判可能涉及的议题,自己和对方的需求与藏在议题背后的可能需求,以及需求背后的价值或价格。这些都可以归类为谈判前的实质准备。除了实质准备,谈判前我们还需要做好心理准备。

心理准备不仅会影响到军心士气,也决定你是否能够带着自信与勇气不怕挑战地走上谈判战场。试想如果你带着焦虑与畏惧开始谈判,那么你的谈判实力是会大打折扣的。所以,克服谈判中的焦虑与畏惧是十分必要的。

哈佛大学谈判学教授惠勒在《谈判的艺术》中,提到谈判会给人带来的三种畏惧:

一是对于谈判情境的畏惧;

二是对于谈判对手的畏惧;

三是对于自身能力的畏惧。

这些焦虑与畏惧还会不断积累,谈判者甚至会被这些负面情绪所压垮。因此,谈判前的心理武装就要针对这三个"畏惧"来着手。

一、对于谈判情境的畏惧

谈判之所以发生,是因为双方就某种需求产生了矛盾。比如对方向你要某个东西,而你不愿意给,于是你们之间就会产生矛盾。但有些人不愿意制造矛盾,明明其本意想说"不",却不敢说"不";明明事情对自己很重要,却选择了退让,甚至干脆逃避这件事。因为人们担心说"不"会伤感情，担心如果谈判失败，会破坏双方的关系。

试想如下情景，一位公司骨干向上司要求加薪，此时上司就会想："他只要加薪吗？会不会跟我要别的，比如要个车位？但公司车位那么紧张，怎么可以给他？如果他要另一位同事的办公室又该怎么办？但如果我不给他加薪，不给他车位，不给他办公室，他会不会生气决定离开公司？如果他离开公司了，他所负责的重要业务就停滞了，我又该怎么办？"可见谈判涉及的问题非常之多，无法明确对方的可能需求，无法明确对方遭遇拒绝后的反应，也无法明确达成协议后会发生的结果……这些情境上的不明确，都会令你对谈判产生畏惧、产生焦虑。

要克服这种来自谈判情境的畏惧，必须要保持头脑清晰，做好充分的准备：

1.思考清楚可能出现的议题，明确自己的界限和原则，哪些可以给，哪些不可以给。

2.思考在无法给予对方所需的东西时，是否有替代方案为对方创造一些价值。

3.提前思考在双方无法达成协议时，自己有没有退路可走。

总之，谈判前的准备越充分，对情境的畏惧和焦虑程度就会越低。更为重要的是，我们要慢慢积累谈判经验，见多识广之后，自然会在谈判中越来越得心应手,畏惧和焦虑也会离我们远去。

二、对于谈判对手的畏惧

当你面对一个不够熟悉的谈判对手,尤其是双方之间缺乏信任的时候,定会心生重重忧虑。你会担心,双方达成合作后,对方是一只会与自己共享辽阔草原的羊,还是一匹会私吞利益甚至吃掉自己的狼?假使对方声称自己是羊,难道他就真的是羊?还是披着羊皮的狼呢?假使它是一匹狼,自己又需要做好哪些防狼措施呢?

由此可见,我们在谈判中,是很难辨别清对方的真面目的。有些谈判表面上是合作关系,实则是竞争关系;表面上风平浪静的共享关系,实则是暗藏危机的对抗关系。

试想这些情景:当你购置房产时,如果对方说:"我给你的价格是这整栋楼的最低价。"你会相信吗?当你网上购物时,如果对方说:"来,你先汇款吧,我会寄东西给你的。"你会相信吗?当你代表企业甚至国家去参加企业或国际性的谈判时,对方承诺一定会给你公平对等的安排,你又会相信吗?类似上述场景中的谈判对手,都会让你担忧,令你害怕。

既然对于谈判对手的担忧源于彼此缺乏信任,那么如何提升信任呢?

可以通过以下三种方式：

1.通过衡量谈判对手所属企业的品牌和信誉来进行判断

假使对方来自一个历史悠久且信誉过硬的企业，即使你们之间的信任感不是很强，但仍可以根据企业商誉来进行判断。

2.通过你所信任的第三方（即"中间人"）介入来进行担保

如果协议达成后，对方并没有履行承诺，这个责任就由第三方"中间人"来部分或全部承担，自己所受到的损失也可以有途径弥补。

比如你去买二手车，如果你不相信二手车商的介绍，那么你就要找到一个第三方的二手车认证平台，该平台可以对二手车进行鉴定，继而提供某种保证，保证这辆车没有重大的质量问题。如果后续出现问题，就由这个认证平台来承担你的损失。

3.通过慢慢和对方培养关系来提升信任

具体而言，前期不要做太多的投入，等到双方培养出良好的互动关系，确定对方是可以信任时，再加深彼此的合作层次。

比如，在和一个新的供货厂商第一次合作时，我们可以只在该厂商采购一小部分的零件，等到确定了这些产品的质量可靠后，再慢慢提高采购的数量，以防一次投入过多，得不偿失。

以上三种方式，都是基于提高双方之间的信任，来克服对于谈判对手的担忧和疑虑的。如果以上的三种方式都无法帮助你解决信任问题，那么就要做好自我保护，正如"不要把所有的鸡蛋放在同一个篮子里",万不可没有依据地全然相信对方,所有的信任都要慢慢累积。

三、对于自身能力的畏惧

对于谈判的恐惧除了来自谈判情境、谈判对手等外界因素之外,也会来自自身。在谈判中,除了担心对方是一匹饿狼之外,也会担心自己是只很笨的羊,甚至是一只把自己送到狼嘴边的羊。我们常常会对自己产生各种各样的质疑,比如担心自己看起来像个生手,担心自己太容易相信别人而上当受骗,担心自己会一时冲动做出不该做出的让步……

可见,谈判中无处不在的焦虑与畏惧,正是源于自己的不自信,或者担心利益受损。

想要克服这些问题,那么不妨来对症下药:

1. 通过学习谈判技巧,提升谈判 IQ,来增强信心。

2. 切记不要一次投入太多,而是选择通过第三方担保或找到有信誉的品牌或企业来谈判,以免上当受骗。

试想这样的情景,如果自己作为父母,孩子想要一样东西,自己很快就对他让步了,而其他父母好像总能坚持己见,让孩子听父母的。这时你就会怀疑,自己是不是很没原则?这样过度的溺爱会不会害了孩子？自己是不是应该再多坚持一会？

其实这样的担心是毫无用处的，倒不如问自己一个问题："在谈判中孩子拿到了自己想要的东西，那么你获得自己想要的东西了吗？"如果你已获得自己想要的东西，比如孩子在玩玩具时的安全保障，那么其实在这场谈判中，双方的需求都得到了满足，那就无须自责。如果孩子要的东西与你要的东西是相互冲突的，你没有给他，作为替代，是不是可以给孩子另外一样东西，让他也感到满意？如果你这样做，说明自己的谈判IQ还挺高的，因为你与孩子之间达成了一个最基本的双赢。

所以，与其畏惧谈判的情景，不如做好充分的准备，未雨绸缪；与其盲目地害怕对手，不如想办法增加信任，步步为营；与其担心自己在谈判中的表现，不如提升自己的谈判IQ，增强信心。如果你能做到以上这些，那就可以信心满满地开始谈判了。

12 心理管理
掌握六大谈判心法（上）

在克服好谈判前的焦虑和畏惧之后，还要在谈判实战中具备正确的态度。训练这种正确的谈判态度，必须提到**谈判心法**。就好比武侠小说里的练武一样，即使武功的招式再强、劲道再猛，也都需要学习好心法，才能让武功招式在关键时刻发挥出更高的威力。

下面，我将用两节的内容，来介绍在哈佛大学谈判课程中经常提到的六个重要谈判心法。希望这些心法能够帮助你提高自己的谈判能力，从而以更好的姿态进入到谈判高手的层次。

心法一：用"为什么"决定"做什么"

在谈判中，不管你准备要做什么，一定要问自己三个问题："我为什么要这样做？我需要达成的目标是什么？做了就能达成目标吗？"这个目标是你决定采取或不采取某种行动的关键。听起来可能很简单，但在真正的谈判中，许多人是会在不经意间就违背了的。

试想在足球场上，球员或球队的目标是什么？最重要的目标当然是帮助自己的球队赢球。那要怎么赢呢？就要让我方多进球，对方少进球。所以，在球场上，你做的任何行动都应该由这两个目标来指导。在比赛中，如果对方做了个危险动作，本该罚红牌，可裁判员却只给了对方一张黄牌，这时我方球员是否要向裁判员表达不满呢？为了达成赢球的目标，给裁判员施加一点压力，表达对他判决的不满，有时是必要的。你可以说"这都不给牌啊"，小小地抗议一下。这样一句看似不起眼的抗议，其实是有利于达成目标的。但如果你走到裁判员面前，推他或辱骂他，用这种方式来抗议，最后很可能对方的牌没给，反而自己吃了张黄牌甚至红牌，那么你所在队伍赢球的可能性就会大幅降低。可见抗议的方式、采取的行为程度都必须结合目标来考虑。这就是哈佛大学谈判课程中的第一个心法口诀——用"为什么"决定"做什么"。

再来看一个出现在谈判中的场景,如果你想用违反合同的手段来报复对方的话,必须考虑清楚这一手段是不是真的能够促使对方履行合约,还是会令对方产生更强烈的对抗行为。试想如果对方付款的时间比约定的时间略有延迟,并且你打电话去催款时,对方的服务人员态度恶劣,因此你十分生气,决定不去执行合同里某些应该完成的项目。但是在合同里已经写明,如果你没有完全执行项目,将会处以严重的罚款,而对方逾期付款所承担的责任在合同里却没有清楚地呈现。如果你用"不执行"的手段来报复对方的延迟付款,结果很有可能是得不偿失。

仔细回顾事情的发展,实际上你采取这一方式的真正原因并不是对方延误了付款,而是对方的服务人员对你的态度非常轻慢。所以,你采取这一激烈的手段是为了给对方制造麻烦。那最终你会发现,对方非但没有因此有所损失,还可以按照合同给你更大的惩罚。这就是为了错误的目标而伤害了更重要的目标,付出了更大的代价。

所以,请务必要记得在所有谈判中,一定要用"'为什么'来决定'做什么'"。

心法二:要有计划,但计划也要能变化

谈判过程中的形势是瞬息万变的,无论计划多么周全,都无法

预测会碰到怎样的情况。但谈判专家会告诉你,即便如此,做好周全的计划仍是非常重要的。

通常,在谈判前,我们要做好如下准备:

1. 明确自己的需求及愿意付出的价格,也要想好对方所有可能的需求及出价,明确自己所能接受的最差的提案,甚至猜想一下对方的接受底线。

2. 想好当双方意见不一时,对方可能采取的施压手段以及相应的抵抗对策。

以上的内容都是需要在谈判之前,就做好周全计划的,否则很容易在谈判中陷入被动。但充分的计划并不能保证万无一失,你还需要随时观察现场形势的变化,观察对方的行动,抓住对方的偏好,揣摩对方真正的意图,然后适时地对原有计划做出调整。

有这样一个小故事,名叫《比利牛斯山的地图》,讲述的是一支部队受困在风雪交加的阿尔卑斯山,正当士兵们心力交瘁,觉得希望渺茫时,有一个士兵忽然在口袋里找到一张地图,他说:"我有这张阿尔卑斯山的地图",于是士兵们便有了信心。他们临时搭起避难所躲避风雪,等风雪过后天气好转,就按照地图一步一步走出了大山。山下的指挥官见到他们惊喜万分,就问他们是怎么走出来的。士兵便把地图拿出来,说:"我们有这张地图",结果指挥官一看,那张地图根本不是阿尔卑斯山的地图,而是另外一座山——比

利牛斯山的地图

后来,一些谈判专家和管理专家在分析这个故事时,都不约而同地认为,正是因为有了这张地图,士兵们才有足够的信心跟动力走下山,否则他们在心理上可能早就崩溃了。又因为是错误的地图,所以他们在比对地形跟地图时,反而对环境的警觉度更高,从而使得他们安全下山。

这个故事说明计划可以让我们更有信心和动力,但计划也要能变化。好比用GPS来导航,你必须同时留心四周的环境,不能完全按照导航的指示盲目地行车。常有按照导航的指示却开进了湖里的新闻出现,正是只盲目按照导航而不观察环境所产生的危险结果。但试想如果目的地是一个完全陌生的地方,而我们却不用导航和地图,则会因此迷失了方向。

在谈判中也一样,你既要了解对方所有可能的需要以做好充分的准备,也一定要观察对方的反应,通过聆听提问,通过现场所搜集到的信息,去判断对方真正的需求所在,从而对原有计划做出必要的调整。

所以,请牢记第二个心法"要有计划,但计划也要能变化",才能够在谈判中既保持一定的信心,也具备足够的弹性。

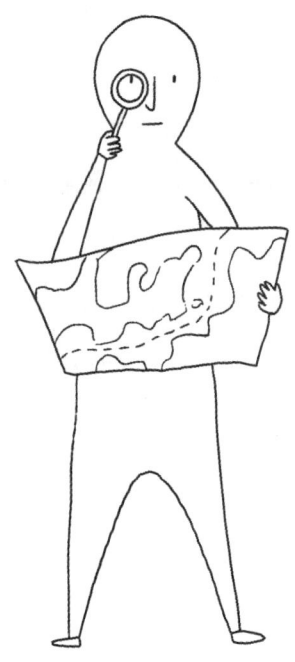

计划可以让我们更有信心和动力，但计划也要能变化。

心法三：创造的时候要追高，分配的时候要知足

美国一位心理学家，名叫贝瑞·施瓦茨，他在《选择的吊诡》一书中将世界上的人简单分成两类：一类是很容易满足的人，被称作"知足者"；另一类是不容易满足的人，被称为"追高者"。请问你是哪一类人，你又想做哪一类人？从小我们就被告诫："要知足常乐，贪心不足蛇吞象是会惹麻烦的。"不过也有另一种声音常常鼓励我们："要勇敢追梦，永不知足。"那么在谈判的场景里我们要做哪一类人？什么时候要追高，什么时候又该知足？

哈佛谈判专家惠勒的建议是："如果你正在做价值创造，你就要追高；如果你正在做价值分配，你就要知足。"

闽南语里有一句俗话："吃碗内看碗外"，这句话其实是骂人家不知足，明明给了对方一碗饭，结果对方的眼睛却还看着外面，这是不可取的。但在谈判中却不是这样判断的。谈判相当于两个人在分一碗饭，如果两个人都只看碗内，就会变成你多吃一口，我就只能少吃一口，你吃的就是我的，这就变成了之前提到的"零和博弈"。所以两个人分一碗饭时，绝对不能只看碗内，还要看看碗外。如果碗外还有饭菜，就应该都拿进来，拿进来的东西越多，双方分配的东西也越多，这样才更可能从"零和博弈"变成"正和博弈"。在碗变大，拿到的饭菜变多之后，接下来分配的时候就一定要知足了。既

不能整碗饭都自己独吞，亦不能自己独占大份而只留给对方一小口，因为如果这样做的话，这个谈判就很难谈成了。

之前担任台北市新闻处处长期间，我曾遇到这样一个谈判案例：因为要举办一场跨年演唱会，需要在市府的广场上搭建舞台，而搭建舞台需要封锁马路，封锁马路势必会影响交通，交通局自然就会反对。如果两个单位召开协调会，局面通常会变成新闻处需要封锁更长的路，而交通局却坚持只能封锁更短的路，双方各不相让，很容易就变成"零和谈判"了。如果这个时候新闻处能够做"追高者"，先去看看"碗外"，看看自己能拿什么东西上桌谈判，比如新闻处可以将手中所有台北市的宣传渠道借给交通局使用，不仅可以让更多市民尽早知道封路的信息，也能够让交通局来做更多宣传，从而提升市民对交通的满意度。同样，交通局也可以先去看看"碗外"，是否可以找到更多的替代道路，以减少麻烦；或是否可以协助一些人力来帮助新闻处更快地搭建好舞台。这样都会增加谈判桌上的利益，使谈判更容易达成双赢。在做好"追高者"之后，我们也要懂得做个"知足者"。新闻处可以考虑替代道路的方案，减少对于交通的影响；交通局也要多分一点时间给新闻处，方便进行调整。只有在谈判分配时双方都懂得知足，协议才更容易达成。

这就是第三个心法："创造的时候要追高，分配的时候要知足。"

13 心理管理
掌握六大谈判心法(下)

心法四:情商智商不能少,更不能吵

谈判中既需要情商,也需要智商,而且情商和智商是不能打架的,即"不能吵"。如果情商跟智商打架,那么你的谈判能力就会大打折扣。谈判智商即谈判中所运用的战略和战术,前几节中已经详细介绍过了,这里重点谈一下谈判情商。

1. 控制负面情绪

谈判情商,首先体现在控制负面情绪的能力上。在谈判中,负面情绪不仅会让你丧失冷静,亦会干扰判断,变成谈判的阻力。前

文曾提到,在谈判前务必要做好心理准备,以面对可怕的谈判情境、难以揣测的谈判对手,以及谈判可能产生的最坏结果,因为这些焦虑和畏惧都极可能变成一种妨碍谈判的负面情绪。所以在谈判中,必须把这一类的负面情绪控制在一定范围内,更不能进入一种情绪自残的状态里。

所谓"情绪自残",即自己去主观地放大一些负面情绪,比如去强化自己的焦虑,将原本并不可怕的谈判、对手妖魔化,这不但于事无补,还会造成更大的伤害。

所以你必须在负面情绪面前给予自己足够的正向暗示,告诉自己:"我充分准备了,我能挺住,我什么场面没见过,我见过比这个更大的场面,这不可怕。"只有积极地控制住自己的情绪,才能避免负面情绪对谈判的干扰。

在谈判中,比较典型的负面情绪是愤怒。 假设对方为了自己的利益,说了一些攻击你的话,或是故意激怒你的痛点,这时候你很可能因为生气而失控,甚至会情绪自残,任凭自己的怒火燃烧,对自己说:"这个人真可恶,我实在难以忍受,太过分了!"但即使你把这些话说了成百上千次,一样也是于事无补,反而会令自己的情绪更加失控。特别是在你很想向对方表达厌恶与憎恨的感情时,就会很容易做出一些不该做的事,说出一些不该说的话,致使谈判彻底破裂。所以你一定要提醒自己千万不要过度反应,"小不忍则乱大谋",将情绪控制在理智的范围内。

另外一种典型的负面情绪是失望。面对满怀希望而来却空手而归的结果,人自然会生出失望和难过的情绪。但这时千万不能情绪自残,自暴自弃,对自己说:"我这人就是差,就是什么都拿不到,就是不会谈判,就是比不上别人。"与其让自己陷入这些于事无补的自责中,不如鼓励自己:"我确实没成功,但下次仍有机会努力,就算没有达成谈判,也能有经验积累。"要以这种积极的心态去激励自己,从而重拾信心,更充分地准备下一次的谈判。

2.不做谈判"冷面人"

既然情绪可能会妨碍谈判,甚至变成阻力,那在谈判中,我们变成一个没有情绪的"冷面人",不就行了?答案是否定的。正如硬币的正反两面,我们也要辩证地看待情绪。事实上,冷漠是不利于谈判的,反而带有一点点情绪更能促成协议的达成。这里的一点点情绪正体现出了一定的情商。

试想如果对方知道你有一定程度的焦虑,他就势必会拿出东西来安抚你。比如你担心跟对方订了货之后,明年这个货一旦涨价,自己就很可能支付不起货款。当你说出这一焦虑时,对方想跟你成交,就势必需要给你更多的保证或拿出更多的证据来让你安心。所以在这种情况下,你的适度焦虑对谈判具有正面促进的效用。

同样,在谈判中,你让对方知道自己有一点愤怒,或是有一点失望,在这种情况下,如果对方想要让你满意,就有可能会做出某些让步,去为你创造更多的利益。"您别生气了,我来帮您想个办法,您觉得这个方案如何呢？"这时候，自己的一点点愤怒与失望，其实对协议的达成是具有推动作用的。

　　试想在谈判中，如果你没有任何情绪，完全变成冷漠的人，对方就无法感觉到你的喜怒哀乐，也就没有"让你满意"这样的压力了。但凡事过犹不及，如果你的负面情绪失控，不仅会把事先计划好的战略、战术全盘打乱，更会影响谈判的结果。本来拿不到最想要的，也可退而求其次拿到次佳的，但如果情绪失控，"我什么都不要了，我不想跟对方谈了，我要伤害对方了"，整个谈判就陷入非理性和不可控的地步，不仅会摧毁双方的协议，更会进一步伤害双方的关系，后果是不可想象的。

　　所以，在谈判过程中，一定请记住"情商智商不能少，更不能吵"这个心法。

心法五：要对最坏做好准备，也要对最好做好准备

　　朱伯庐的《治家格言》有"宜未雨而绸缪，毋临渴而掘井"之说，比喻事情要早做准备，不要事到临头才想办法。当代企业家在管理企业时，需要事先买好保险，准备应急机制，提前拟好危机处理的计划，也就是这一道理。同样在谈判中，我们也要对可能发生的最坏情况做好充分准备。如果谈判对象翻脸了，我们还有别的谈判对象吗？或是有其他途径可以解决自己的问题吗？如果对方拒绝自己

第二章 谈判准备

的要求,我们是离开谈判桌还是退而求其次选择其他的呢?

所以,"对最坏做好准备"即在心理上做好沙盘推演,推演出当最坏的状况发生时自己的对策。就算这个最坏状况真的发生了,你也做好了充分的准备,以应对情况,不会慌乱到不知所措。

分析了"对最坏做好准备"后,我们再来看看什么是"对最好要做好准备"。我们对谈判总是有某种期望的,如果谈判的结果远远高于自己原来的期望,此时你可能会喜出望外,甚至得意忘形,以至于乐极生悲。我们都听过这样的故事,某些人中了乐透,却没有做任何规划而胡乱花钱,最后钱财散尽,没有好结局。

所以在谈判中,假设自己要的是五毛钱,对方真的给你五毛钱,甚至给你一元钱,该怎么办?此时应该礼貌地向对方表达感谢,但一定不要把兴奋与高兴过分地表现在脸上。如果你显得过于兴奋与高兴,会让对方觉得"是不是给你太多了,可能给你两毛钱就够了",这时候你的情绪表现是十分不利于后面的谈判的。同时也要记得"天下没有免费的午餐",对方给你一元钱后,会不会有其他的要求与条件?所以在面对超出预期的结果时,你更应该谨慎地面对谈判,不要让自己被兴奋冲昏了头脑,而做出一些未经思考的举动。

试想这样一个场景:公司最近正在进行大幅度的人事调动,总经理忽然召见你,此时你一定要想好最好与最坏的状况分别是什么,以便能够从容应对。假使总经理会给你一个好的工作机会,你一定要做好从容面对的准备,以免显得过于兴奋,而令总经理怀疑自己的判断与决策；假使是最坏的状况，总经理问责上个月你没做好的工作，这时你就要对此充分说明，做好争取自己权益的准备。

所以，请记住这一心法："要对最坏做好准备，也要对最好做好准备"，如此你才能更从容地应对各种场面与状况。

心法六：留一盏灯，还有包厢的一个座位

你也许会问：这跟谈判有什么关系呢？"留一盏灯"即美国心理学家奇克森米海先生所提出的概念——"**心流**"，该概念强调的是专注、聚焦的重要性。就好比在一场钢琴演奏会上，忽然全场的灯光都黯淡下来，只留下一盏灯打在了钢琴家和钢琴上面，仿佛这个现场只剩下表演家和他的钢琴，这样表演家就会全神贯注地进行演奏。

几乎各个领域的前辈、高手都会告诉你："要做好一件事，专注至关重要。"比如我平常很喜欢打网球，许多网球高手都跟我说："要打好网球，就要每一秒钟都专注地盯着那个球。"我自己的体验也正如他们所说的，如果心里有别的念头，真的就打不好网球了。同理，在谈判中，我们也一定要做到专注，去思考、判断对方的球会飞到哪里，自己要用什么样的方法来应对。千万不要受到其他的因素干扰，诸如对方的言语、态度等等。有些人在谈判时会故意带上一句"像你们这种没有什么谈判经验的，我跟你们谈很辛苦的"，此时千

第二章 谈判准备

的要求,我们是离开谈判桌还是退而求其次选择其他的呢?

所以,"对最坏做好准备"即在心理上做好沙盘推演,推演出当最坏的状况发生时自己的对策。就算这个最坏状况真的发生了,你也做好了充分的准备,以应对情况,不会慌乱到不知所措。

分析了"对最坏做好准备"后,我们再来看看什么是"对最好要做好准备"。我们对谈判总是有某种期望的,如果谈判的结果远远高于自己原来的期望,此时你可能会喜出望外,甚至得意忘形,以至于乐极生悲。我们都听过这样的故事,某些人中了乐透,却没有做任何规划而胡乱花钱,最后钱财散尽,没有好结局。

所以在谈判中,假设自己要的是五毛钱,对方真的给你五毛钱,甚至给你一元钱,该怎么办?此时应该礼貌地向对方表达感谢,但一定不要把兴奋与高兴过分地表现在脸上。如果你显得过于兴奋与高兴,会让对方觉得"是不是给你太多了,可能给你两毛钱就够了",这时候你的情绪表现是十分不利于后面的谈判的。同时也要记得"天下没有免费的午餐",对方给你一元钱后,会不会有其他的要求与条件?所以在面对超出预期的结果时,你更应该谨慎地面对谈判,不要让自己被兴奋冲昏了头脑,而做出一些未经思考的举动。

试想这样一个场景:公司最近正在进行大幅度的人事调动,总经理忽然召见你,此时你一定要想好最好与最坏的状况分别是什么,以便能够从容应对。假使总经理会给你一个好的工作机会,你一定要做好从容面对的准备,以免显得过于兴奋,而令总经理怀疑自己的判断与决策；假使是最坏的状况，总经理问责上个月你没做好的工作，这时你就要对此充分说明，做好争取自己权益的准备。

所以，请记住这一心法："要对最坏做好准备，也要对最好做好准备"，如此你才能更从容地应对各种场面与状况。

心法六：留一盏灯，还有包厢的一个座位

你也许会问：这跟谈判有什么关系呢？"留一盏灯"即美国心理学家奇克森米海先生所提出的概念——**心流**，该概念强调的是专注、聚焦的重要性。就好比在一场钢琴演奏会上，忽然全场的灯光都黯淡下来，只留下一盏灯打在了钢琴家和钢琴上面，仿佛这个现场只剩下表演家和他的钢琴，这样表演家就会全神贯注地进行演奏。

几乎各个领域的前辈、高手都会告诉你："要做好一件事，专注至关重要。"比如我平常很喜欢打网球，许多网球高手都跟我说："要打好网球，就要每一秒钟都专注地盯着那个球。"我自己的体验也正如他们所说的，如果心里有别的念头，真的就打不好网球了。同理，在谈判中，我们也一定要做到专注，去思考、判断对方的球会飞到哪里，自己要用什么样的方法来应对。千万不要受到其他的因素干扰，诸如对方的言语、态度等等。有些人在谈判时会故意带上一句"像你们这种没有什么谈判经验的，我跟你们谈很辛苦的"，此时千

万不要被他的话语转移注意力,要保持专注,不受干扰。

"留个包厢的座位"是哈佛大学谈判专家威廉·尤里在《突破拒绝》(Getting Past No)一书中的建议,意思是除了保持专注外,我们还需要掌控全局。

继续以打网球为例,我们需要知道对方的站位,哪里是空档,对方能够跑多远,会对我的球做出何种反应,并考虑能否把球打到对方预测的相反方向,或是跑不到的位置,这样胜算自然就会变大了。谈判也一样,不能只关注某个议题的胜负,而更应该顾全大局。如果这个议题自己让给对方,那么对方会因此在另外一个对自己更重要的议题上让步吗?有时候,真正的对手也许并不在现场,而是谈判场外的对手,所以谈判双方达成的合作也许就比需要获得的东西更为重要,此时自己也可以多做一些让步以便取得合作,共同应对场外的对手。

所以,这个心法叫作"留一盏灯,还有包厢的一个座位"。

我相信只要大家能将这六个谈判心法熟谙于心,并运用得当,定能大幅提升自己在谈判场上的战斗力。

第三章 实战演练

14 开局阶段
两步拥有有利局面

在前面的章节中,我们介绍了谈判的第一个主要阶段——战略阶段,在这一阶段中,你要决定是否参加谈判,确定基本的战略方针;第二个主要阶段——准备阶段,在这一阶段中,你要思考自己与对方所有可能的需求以及可能给予的东西。本节将介绍谈判的第三个主要阶段——**开局阶段**,这一阶段会牵涉到两件最重要的工作,**一是定出程序,二是创造氛围**。如果这两件工作能做好,那么将对后面的谈判起到很大的帮助。

一、定出程序

定出程序即在进入实质问题的谈判前,双方先制定好谈判的程序及需要遵循的基本规则,好比运动比赛前先讲好规则。为了能让谈判更为顺畅地进行,双方务必在谈判开始之前制定出程序。

具体的步骤如下:

1. 确定双方正式谈判的**时间与地点**

谈判的地点万不可掉以轻心,是选在己方的主场,还是对方的主场,抑或是一个双方都不能控制的中立地点来举行?

如果谈判地点选在己方的主场,那么你势必会更熟悉环境,更容易获取人力资源或其他信息,甚至更利于现场立刻解决问题。如果你愿意到对方的主场,那么也有助于了解对方企业的状况。如果谈判选在中立的地点,自然对双方都很公平。

所以,选择谈判地点是十分重要的。确定好谈判地点后,谈判双方可以及时掌握不同谈判地点的优劣,并做好应对准备。

2. 确定双方正式谈判的**谈判代表与最终决策人**

具体来说,需要明确参加谈判的人数和人员,以及由谁来带头作为首席谈判官。最为重要的是要确定好谈判的最终决策人是谁,他是否在这个谈判的团队里面;如果不在,需要预留多少时间去向他请示。

在以往的谈判中,经常会遇到谈判差不多快结束,眼看双方要达成协议时,才被对方告知"不好意思,我还得跟我的上级再报告请示一下"。

所以,一定要在谈判前明确好谈判双方的参加者、带头者以及最终的决策人。

3.确定双方正式谈判的**谈判流程**

谈判流程具体包括谈判的次数、需要讨论的议题以及谈判的期限。前两种比较容易理解,这里我们重点介绍一下**谈判期限**。谈判期限即双方约定在一定时间内,如果达不成协议,谈判就自动失效。

同时需要注意的是,双方约定的谈判期限,是一定要硬性遵守的,还是只是双方所希望的?是否有可能调整?谈判期限会直接影响到谈判结果,一定要明确清楚。

同时,我们也要考虑到谈判流程中可能出现的意外状况,对方是否存在可变的因素,会影响到谈判的流程。比如对方新的负责人还没有上任,是否必须等到新的主管上任,才能继续某个谈判流程?如果是这样的话,势必会拖慢整个谈判流程。此外,市场行情等其他可能影响到谈判流程的意外状况,都要充分考虑到,并对其进行讨论分析。

谈判流程中涉及的其他重要事件也必须加以注意。比如是否存在其他的竞争对手、竞争对手的提案时间、取得行政审批的许可证所需要的时间……这些重要事件都会影响到谈判。

在谈判前,将问题问得越详细,将程序梳理得越清楚,就越有利于我们的谈判。企业界经常提到"墨菲定律",指的是可能出错的事就必定会出错。所以,事前做好应对意外状况的心理准备和实战准备是非常重要的,事前想好对策,总比事情发生时不知所措要好得多。定出程序,把程序问题先解决,有利于开展实质问题的谈判。

二、创造氛围

往往在谈判开局时,双方都会正式亮出在准备阶段就设计好的谈判议题、各项要求及理由,即谈判中的开价。举个简单的例子,假设你对对方说"我想跟你要 A、B、C,为了回报你,我会给你 X、Y、Z。因为 A、B、C 跟 X、Y、Z 的价值是差不多均等的"。对方听完你的开价,可能会提出相对的提案:"我只会给你 A 和 B,C 是不可能的;你也不用给我 X、Y、Z,你只要给我 X、Y 就好,我不要 Z。"这就是双方各自亮出了**立场**。

显然在谈判的开局阶段亮出立场是十分重要的,但也不可忽视谈判的**氛围**。因为亮出立场的同时也会传递出一种谈判的态度,相当于是向对方摆出了一种姿态,继而营造出了一种谈判的氛围。有时谈判的氛围甚至比亮出谈判的立场更为重要。因为谈判初期营造出的氛围,等于定义了整个谈判的气氛,对谈判的结果会发生重大的影响。所以在谈判开局阶段,我们要去积极地创造氛围。关于在以往的谈判中,经常会遇到谈判差不多快结束,眼看双方要达成协议时,才被对方告知"不好意思,我还得跟我的上级再报告请示一下"。

所以,一定要在谈判前明确好谈判双方的参加者、带头者以及最终的决策人。

3.确定双方正式谈判的**谈判流程**

谈判流程具体包括谈判的次数、需要讨论的议题以及谈判的期限。前两种比较容易理解,这里我们重点介绍一下**谈判期限**。谈判期限即双方约定在一定时间内,如果达不成协议,谈判就自动失效。

同时需要注意的是,双方约定的谈判期限,是一定要硬性遵守的,还是只是双方所希望的?是否有可能调整?谈判期限会直接影响到谈判结果,一定要明确清楚。

同时,我们也要考虑到谈判流程中可能出现的意外状况,对方是否存在可变的因素,会影响到谈判的流程。比如对方新的负责人还没有上任,是否必须等到新的主管上任,才能继续某个谈判流程?如果是这样的话,势必会拖慢整个谈判流程。此外,市场行情等其他可能影响到谈判流程的意外状况,都要充分考虑到,并对其进行讨论分析。

谈判流程中涉及的其他重要事件也必须加以注意。比如是否存在其他的竞争对手、竞争对手的提案时间、取得行政审批的许可证所需要的时间……这些重要事件都会影响到谈判。

在谈判前,将问题问得越详细,将程序梳理得越清楚,就越有利于我们的谈判。企业界经常提到"墨菲定律",指的是可能出错的事就必定会出错。所以,事前做好应对意外状况的心理准备和实战准备是非常重要的,事前想好对策,总比事情发生时不知所措要好得多。定出程序,把程序问题先解决,有利于开展实质问题的谈判。

二、创造氛围

往往在谈判开局时,双方都会正式亮出在准备阶段就设计好的谈判议题、各项要求及理由,即谈判中的开价。举个简单的例子,假设你对对方说"我想跟你要 A、B、C,为了回报你,我会给你 X、Y、Z。因为 A、B、C 跟 X、Y、Z 的价值是差不多均等的"。对方听完你的开价,可能会提出相对的提案:"我只会给你 A 和 B,C 是不可能的;你也不用给我 X、Y、Z,你只要给我 X、Y 就好,我不要 Z。"这就是双方各自亮出了**立场**。

显然在谈判的开局阶段亮出立场是十分重要的,但也不可忽视谈判的**氛围**。因为亮出立场的同时也会传递出一种谈判的态度,相当于是向对方摆出了一种姿态,继而营造出了一种谈判的氛围。有时谈判的氛围甚至比亮出谈判的立场更为重要。因为谈判初期营造出的氛围,等于定义了整个谈判的气氛,对谈判的结果会发生重大的影响。所以在谈判开局阶段,我们要去积极地创造氛围。关于氛围，我们需要讨论以下几个问题：

1.谈判是简单的还是困难的？

在双方都表达出自己的提案或要求后，双方就对谈判的难度有了一定的理解。有些谈判者明明知道双方谈判的差距比较大，比如对方给出的价格与自己要求的价格有很大的落差，但是因为怕对方退缩不前，就会故意把事情说得很简单，先引诱对方深入谈判再说。但多数谈判专家是不建议这么做的，因为等到对方深入谈判后再发现困难，其实会增加谈判的难度。

比较可取的方法是要让对方预期到这次谈判有点困难，对方就不会对谈判的结果产生太高期待，也会更积极地克服困难。简单来讲，就是"高高举起，但没有那么重地放下"。不少大学教授在授课时都会使用这一招，他们在开学时告诉学生这门课程很难，但到期末学生会发现其实难度是一般的，不像他所描述的那样。这样做可以帮助学生积极克服困难，增强信心。

所以，在谈判开局阶段，要**创造出有些挑战的氛围**，通过预期操作，让对方降低预期，从而帮助双方克服困难，达成高于预期的结果。

2.谈判是对等的还是依赖的？

无论是个人之间的谈判，还是企业之间的谈判，经常会出现一方依赖另一方，或是双方互相依赖的情况。因为人与人的身份地位不一样，或是企业间的大小规模不一样。

如果某一方自认为自己是条大鱼,对方不过是只小虾米,大鱼在小虾米面前,无论谈判的姿态或说话的口吻,都是要高高在上的。这样的氛围一旦形成,后面的谈判就不容易推进了。如果你是小虾米,必须要表达出自己对于对方的价值,明确地告诉对方谈判必须对等。如果对方不同意,你甚至要考虑离开谈判。

所以,在谈判开局阶段,一定**要创造出对等谈判的氛围**,才能良好地推动谈判进程。

3. 谈判是合作的还是对抗的?

我们曾在讨论谈判战略时提过:如果谈判的人重要,谈判的事也重要,就必须要合作;如果谈判的事重要,人相对没那么重要,就应该对抗。但如果能够将本来要与之对抗的人转为可以合作的人,就可以创造出更高的利益。因此,无论参加何种谈判,都应该在开局时摆出积极合作的态度,可以与对方强调你对双方关系的重视,希望能达成**双赢**。

但不排除对方有可能会跟你对抗的情况,所以自己同时也要具备对抗的能力。尤其在双方差距较大的时候,就要留心对方的态度,是设法创造各种利益,还是坚持己见不断施压,以及对方所承诺的事情是否落实。简单来讲,合作之心必须有,防人之心不可无。如果对方想要对抗,就必须与之强调双赢;如果对方坚持对抗,自己在亮出对抗的姿态之外,仍要积极争取双方的合作。

在谈判开局阶段,我们要**创造出积极达成合作的氛围**,才有可能实现双赢。

在谈判的开局阶段，一定要做好两件事：**一是定出程序，二是创造氛围**。

定出程序包括提前确定好双方谈判的时间地点、参加谈判的人员、首席谈判官、最终决策人，还有谈判的次数、谈判的议题、谈判的期限、可能发生的意外状况、影响谈判的重要事件等。确定好程序之后，面对面谈判时，就要去积极营造一个略有挑战、彼此对等、争取合作的氛围。做好这两件事，相当于为谈判的顺利进行铺平了道路。

15 磋商阶段
利用价值创造推进谈判

准备好谈判的第三个主要阶段——开局阶段之后,我们就可以进入到第四个主要阶段——**磋商阶段**,即双方互相交易交换的阶段。如果双方在开局阶段亮出的立场与要求没有差异,就没有磋商的必要了,但实际情形中,多数的谈判都是具有这种差异的。

比如,一对年轻人结婚前,一方要房要车,甚至对房与车还有特别的要求,结果另外一方不答应;或是一方要求跟父母同住,而另外一方坚持不从。这时双方就必须针对这些差异进行谈判,进而进入到磋商阶段。

一、拔河比赛：价值主张

双方的差异点可以视为不同的价值主张。价值主张就像拔河,双方各自站在绳子的一端,如果一方的力气足够大,就会把对方拉过来一点;如果双方势均力敌,绳子就会停在中间,遇到这种情况,就必须使出**谈判利器**了。所谓谈判利器,即个人说理和论辩的能力。

我们以开篇提到的年轻人结婚前的谈判为例,一方想要车要房,就必须说出这样做的道理,比如以对方的家庭条件是给得起的,如果对方可以提供,自己的父母才会放心;同样,另一方想要父母同住,也必须说出道理,比如父母身体不好,只有自己一个孩子,以理服人,以理争取谈判的结果。有时我们也会跳出争论不休的议题,将别的议题拉进来一起讨论,以求达成交换的可能。有时我们还会遭遇对方的威胁,比如对方可能会说:"你必须给我,不然我就伤害你。"

谈判里面最常见的是价格拔河,比如卖方说:"我的车要卖 27 万元。"买方说:"我只想出 25 万元。"双方提出价格所相差的 2 万就需要通过"拔河"解决了,那最终谁会赢,就要看谁更会说理,更懂交换,更会威胁。

几乎所有的谈判专家都会建议的说理方式是"**用价值讨论价格**",比如许多销售人员常常挂在嘴边的 CP 值(性价比)。简单来说,"用价值讨论价格"就是强调价值高于价格,告诉对方如果缺了你给他的这样东西,他就会失去非常多的价值。而说理的重点在于提出自己的产品与服务所能创造的独特价值。以上文买卖汽车的情景为例,卖方可以对买方说"这辆车卖27万元已经是便宜你了,你买到的车的价值40万元都不止。这辆车是与国产车几乎价钱一样的德国车,别的德国车价格不如它划算,而同价格的国产车的质量也不如它,所以这辆车的性价比最高"。这样的谈法就是告诉对方"我的东西的价值是与众不同的"。

停留在价格拔河不会赢,与对方做价值主张才有赢的胜算,但同时也要记住在分配时懂得知足,不能将整碗饭都一个人吃完。如果你能够做出一些让步,给对方一点东西,这当然是有利于达成谈判结果的。回头看开篇的例子,如果真的爱着对方,房子与车子可以照给;如果不能接受父母同住,至少也要答应对方,住得离父母近些,约定好每半个月同去探望一下父母。

在磋商阶段,最重要的是给对方创造一种公平的感觉。这个公平不一定在价格上,却一定要在价值上。价值的公平其实是很主观的,对方不一定会觉得价格便宜的东西就是价值少的,这也给谈判带来了无限的可能。比如对方给你的一件东西,在他的眼里是没有用处的废物,而在你眼里却是价值连城的宝物,你们交换就相当于创造了价值。再如许多老外吃鸡时不吃头、爪子、内脏,吃鱼时不吃鱼头,而这些恰是许多中国人的盘中珍馐,这样的差异正为双方交换价值创造提供了可能。

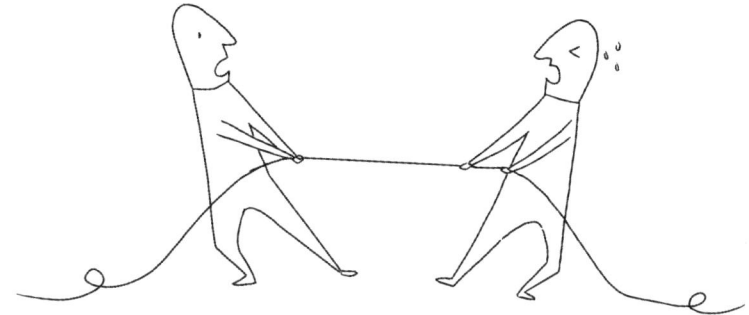

停留在价格拔河不会赢,与对方做价值主张才有赢的胜算,但同时也要记住在分配时懂得知足,不能将整碗饭都一个人吃完。

二、套绳比赛：价值创造

如果在磋商阶段双方困在无止境的价值主张与拉扯里面，就很有可能白耗费力气。因此在这一阶段，双方应该努力地做到价值创造。如果说价值主张类似一场拔河比赛，那么价值创造就更像一场套绳比赛。

试想这样的场景：一家企业拟邀请一位世界知名的演讲者来做演讲，企业希望支付的课酬不超过 20 万元，而这位演讲者也有自己的底线，课酬不能少于 15 万元。如果双方都想在底线内获得更多的利益，就会在 15 万～20 万元之间拔河，你拉过来一点，我拉过去一点。与其困在拔河比赛里筋疲力尽，不如跳出拔河的框框，尝试一下套绳比赛。

具体而言，你要在拔河场外找到更具价值的东西，并赶快拿绳子将它套住，拉进谈判现场，为对方制造出更多的价值。套绳套住的东西，最好在对方眼中具有高价值，是宝物，是金块；而对于自己则价值不高，相当于鸡肋。这样利用双方的价值差，无疑会创造出更高的价值。利用这一方法，企业可以对演讲者说："课酬我们就定在中间价 17.5 万元好了，但我们会为您提供最好的五星级酒店的豪华套房住宿。"而豪华套房如果有空房的话，企业付出的成本不会太高，但对演讲者而言，他可以住到最好的酒店里最好的豪华套房，是可遇不可求的机会。如果这家企业了解到这位演讲者爱好打网球,企业恰好又赞助过一位网球选手,此时便可以邀请这位演讲者到现场观看网球选手的比赛,甚至可以让演讲者与网球选手切磋一下,这对于演讲者来说是十分具有价值的,价值远远超过少拿的2.5万元,但对于企业来说不过只是多让一个人参与一场活动而已。反之,演讲者也可以对企业说:"好,课酬我们就定在17.5万元(或者更多一点),你们不要再跟我计较了,既然我要待三天,也可以多做一场演讲。我也可以参加你们企业的内部会议,为你们提供些专业的顾问意见。"于是演讲者为企业所提升的这些价值,是超过企业多支付的2.5万块的。

在谈判的磋商阶段,双方都会对各自的提案进行价值主张。此时要尽量营造出一种公平互惠的氛围,甚至可以巧妙地把对方赢到的东西的价值说得高一点。但是类似拔河比赛的价值主张,经常是需要耗费许多力气的,绳子的移动也可能十分有限。因此,更为重要的是学会价值创造,想办法把更多的资源拉进来,放到谈判桌上。一个真正厉害的谈判高手,既具备拔河比赛中价值主张的能力,也具备套绳比赛中价值创造的能力。只有两项能力都具备的人才,才能进入到最高级别的谈判。

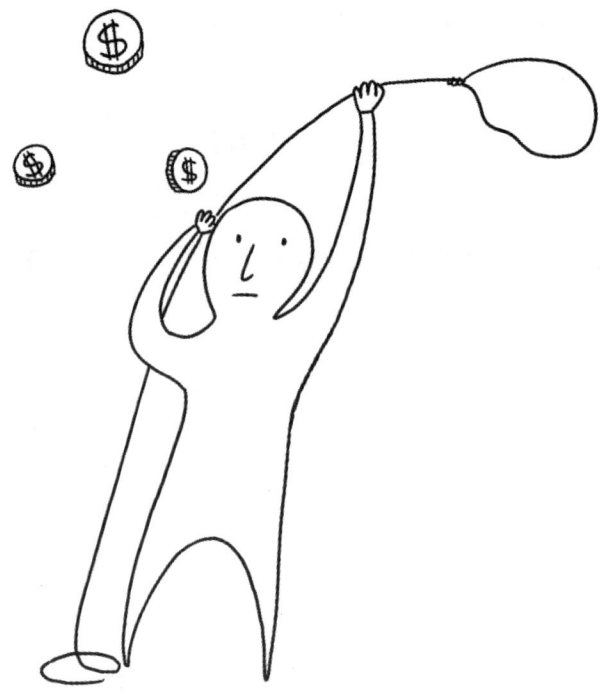

在拔河场外,找到更具价值的东西,并赶快拿绳子将它套住,拉进谈判现场,为对方制造出更多的价值。

16 不等值交换
找到双方的价值点

如果要问我,谈判中最重要的一项原则是什么?我会说是**交换**。

许多谈判之所以能够成功,能够令双方产生互利双赢的感觉,其实靠的就是交换。不过,谈判的交换并不是数学的交换。在谈判中,表面上是以一换一,但实际上,这个"一"还要乘以所换之物对于双方各自的价值。比如,你给我的东西,对我"十分"重要,一乘以十,相当于我拿到了十;而我给你的东西,对你只有"八分"重要,一乘以八,相当于你拿到了八。所以在谈判中,明明是一换一,结果却变成十与八,这就叫作不等值交换。

因为双方对不同事物的看法各不相同,所以如果在谈判中能看懂双方的价值点,并借此来交换东西,那么往往就能得到皆大欢喜的结果。

可见谈判不仅是一种交换的艺术,更是一种不等值交换的艺术。

在第15节中,我们曾提过,如果能找到一种对你来说是鸡肋,而对于对方来说是金块的东西,那么就很容易达成皆大欢喜的结局。你或许会怀疑,这种东西哪有那么容易找到。但事实上,许多人都低估了这种不等值交换的可能性。

举一个生活中常见的例子,在情人节或是女朋友、老婆生日时,你是送给她售价三四百元的99朵玫瑰,还是直接送她三四百元的红包?两者谁更有价值?相信有不少人会认为现金红包更有价值。但如果你是专程找人将99朵玫瑰送到对方的上班地点,并且还附了张卡片,写了首诗呢?可见创造价值的方法是多样的,关键在于是否具有创意,还有你是否足够了解对方。其中了解对方又是最为重要的,因为你只有了解对方,才能知道对方是更喜欢99朵玫瑰,还是红包。

再来看一个例子,某些教授被企业邀请去讲课,一般最在乎的就是课酬了。但也有一些教授更在意企业的CEO(首席执行官)是否会出来主持这个活动,如果有,就代表企业对自己的尊重。还有一些教授会在意企业宣传活动时的力度,如果企业的宣传力度足够强,对于自己就是一个很好的宣传机会。尽管人们会有许多相似的需求,但也有许多独特的需要。所以谈判之前,一定要做好功课,去了解对方真正的需求;并且在谈判中进一步确认对方的需要,找到对他来说具有特别价值的东西。

比如想了解对方的购买习惯,至少要通过观察和聊天,了解对方最近买了什么,过去买了什么,正在关注什么;还需要知道对方是否重视品牌,是否对价格敏感,是否重视规格跟排场;以及对方是否喜欢被人高度关注,除了目前的产品之外,还需要哪些服务和赠品……诸如此类的细节,了解得越多,越能够帮助自己发现不等值交换的可能。

除了了解对方、发挥创意之外,谈判专家还总结出了四种常见的**不等值交换**的方法:

一、不同偏好的交换

正所谓"甲之砒霜,乙之蜜糖",同一种事物对双方的价值往往是不一样的。请注意这里不是市场价值,市场价值仅能做个参考,但同一个事物对于不同人的价值是千差万别的。

试问大家,觉得一万元的电脑更贵,还是一万元的皮包更贵?如果你是喜欢电脑的人,一万元的电脑就不算太贵,而一万元的包可能就觉得贵得离谱了;如果你是喜欢包的人,一万元的包可以毫不犹豫地买下,但买一万元的电脑可能就觉得有点浪费了。所以喜欢包与喜欢电脑的人,他们对这两种物品的价值判断是很不一样的,甚至可能截然相反。

再比如在谈判中,有些人更重视里子,而另一些人更重视面子。通常收入越高、地位越高的人,或是规模越大、体量越大的企业和国家越是重视面子,对于他们而言,面子就相当于影响力。所以在谈判中,你只要给足对方面子,就会换来许多实质性的利益,换到真正对自己有价值的东西。

这就是不同偏好的交换,也是最为常见的不等值交换。

二、不同风险的交换

因为双方所害怕的东西各不相同,所以同样的东西对双方的价值就会不一样。所谓不同风险的交换,实质是不同风险偏好的交换。在谈判中,有些人会低估风险,为了换取更高的利益,即使冒着高风险,也毫不畏惧;而有些人则会高估风险,不敢把冒险视为乐趣,也不会用冒险去换取利益。

比如同样是游乐园中的云霄飞车,即使要排队两小时,喜欢玩的人也会愿意花这两小时去得到刺激的体验;而不喜欢玩的人即使不用排队,他也不愿意去花钱买罪受。所以,这两种人就会对云霄飞车产生不一样的评价。

再比如同样是去买车的顾客,有的顾客喜欢跑车的速度,但有的顾客却觉得速度是风险,所以跑车对他而言是没有价值的。如果这时可以为后一种顾客介绍性能安全的车,那么这辆车对于这位顾客来说就是具有高价值的。这里运用的就是不同风险偏好的交换。

三、不同时间偏好的交换

对于某些有急需的人来说,东西的价值就会提高,比如他在沙漠里缺水,水的价值就会提高;而对于不是急需的人来说,东西的价值就会偏低。所以,这种对于事物急需程度的不同,就创造出了一种交换的可能。

比如一家资金充沛的企业,可以让购买自己东西的合作方分期付款。其实这是"放长线钓大鱼",分期付款不仅能缓解对方的压力,促使双方达成总额更大的交易,也会为自己带来更高的利润,对方最后分期付款加起来的总额可能要比一次性支付的金额还高。这样相当于双方做了一种急与不急的交换,即不同时间的交换。

四、不同期望的交换

利用双方对未来期待的差值,也可能达成交换。假设有一位作者,认为自己的书很畅销,铁定可以加印。但出版社却认为首印部分的书能够卖完都很勉强,根本不可能加印。此时,这位作者可以与出版社谈判阶梯式的协议。具体来说,出版社只负担这本书首印最低的费用,甚至可以让作者自己出钱;但是如果首印真的全部卖完而产生加印的话,出版社就必须给予这个作者最高标准的版税。在这个案例中,等于是作者看好自己,而出版社却不看好他,两者的期望不同,于是通过其中的差异,双方就达成了一种协议,这就是利用不同期望所达成的交换。

再比如夫妻间相处,妻子总是试图确认丈夫是否爱自己,妻子对丈夫不是很有信心,而丈夫却对自己有信心,这时双方就可以达成一种协议。丈夫为了证明自己的真心,买房时房产证上只写妻子的名字或是两个人共同的名字。如果丈夫始终爱着妻子,那么房产证上写谁的名字其实没有多大差别;可是如果丈夫变心了,房产证上写妻子的名字,就是妻子的一种保障。

谈判是一种交换的艺术,尤其是一种不等值交换的艺术。运用好这项艺术,你就必须去了解对方,发挥创意,懂得运用双方对偏好、风险、时间和期望的不同,去发现对于对方具有独特价值的东西,这些都可能达成富有创意的不等值交换。

17 FCUK 模型
四种方法成功说服对方

无论在谈判的开局阶段还是磋商阶段,双方都会提出各种各样的要求。如果想要顺利地实现这些要求,就必须向对方说明这样要求的理由。理由越有说服力,对方满足要求的可能性就会越高。

在谈判中,如果要说服对方满足你的要求,经常会用到四种方法,尽管这些方法使用起来各有利弊,但在绝大多数的谈判中,谈判者都会选择其中一种方法来说服对手。

根据四种方法所对应的英文单词首字母,可以将其简称为"FCUK 模型"。

一、"F"代表英文单词"fair",意指公平

在谈判中,公平是说服对方最重要的方法。比如你应该答应我的要求,因为我曾答应过你的要求;或者只要你答应了我,同样我也会答应你。"F"背后所蕴含的逻辑是**"我要,因为你也要"**。需要注意的是,双方所交换的东西在价值或价格上不能相差太多,否则就无法达成公平,所以公平必须基于相近的价值或价格。

无论在个人之间、企业之间还是国家之间,双方在交往时心里都会有一个潜在的"账本",自己对对方做了哪些事情,对方又为自己做了哪些事情。除了一方完全依赖另一方的情况之外,双方的交往与谈判必须以公平互惠为基础,否则很难建立起良好的关系。俗话说"天下没有免费的午餐","吃别人的嘴软,拿别人的手短",对方给予你的东西,迟早要以另一种形式还回去。假设你在谈判之前接受对方的招待,那么在谈判中自然是强硬不起来的。

总之在谈判中,懂得运用这个"F"(公平),就会获得比较强大的说服力。

二、"C"代表英文单词"correct",意指正确

之所以这样要求,是因为某种法律、某种规范、某种惯例、某种

标准是这样规定的。简而言之,"C"背后所蕴含的逻辑是**"我要,是因为我对"**。比如在公司里,下级要称呼上级为领导,但按照公平原则,却没有上级反过来称呼下级为领导,因为这是公司的规范。再比如与人交易时,可能对方会要求你支付一定的费用,如果根据某种规定这个费用必须支付,那这也是一种正确的原则或规范。

许多谈判高手都懂得运用法律、规范、惯例或标准来帮自己争取权益。比如说根据某标准,不可以收取超过5%的手续费;根据规定,在七天里面购买产品是可以退货的;根据惯例,在计算稿费时,必须把标点符号也算在内。特别是当这些规范、标准是对方自己制定的,说服力就会更高了。

所以,在谈判前,一定要用心阅读对方公布的所有相关规定,对方制定的所有标准都有可能有助于你的谈判,这就是"FCUK"模型中"C"的用处。

三、"U"代表英文单词"ugly",意指丑恶

"丑恶"在这里是指如果对方不答应你的要求,你就会让事情变得很丑恶、很难看,类似谈判中的威胁。所以"U"背后的逻辑是**"我要,因为你怕"**。对方会怕你的原因在于如果他不答应你,就会受到伤害。实质性的伤害包括造成对方财产或金钱的损失、拿走对方非常需要的东西、伤害对方重视的人、损毁对方重视的形象。当然要运用这种"丑

恶法"伤害对方的话，你必须让对方相信你真会这么做，这一方法才会奏效。

在国际谈判中，战争常被当作威胁手段"U"。如果你要用战争来威胁对方，就必须证明自己愿意并且能够作战，否则这一威胁不会发生效力。在企业谈判中，走上法庭常被当作威胁手段"U"，如果你可以证明自己的法律团队随时待命，并且证明自己愿意去花费必要的时间与成本和对方长期打法律战，此时这一威胁才能奏效。但需要注意的是，当你准备伤害对方形象时，难免也会损害自己的形象。所以要让威胁手段"U"奏效，就必须让对方感受到自己是豁出去了，哪怕损害自己的形象也在所不惜。

但使用威胁手段"U"也是具有高风险的，因为威胁对方也会迫使对方与你对抗。如果对方并没有相对地使用威胁手段，有可能不过是形势所逼，或者暂时还没有找到对抗的方法。所以在遭受威胁的情况下，很多人并不是心悦诚服地接受协议，只是表面上不去对抗，实质上却在等着复仇的时机。

除非你的威胁与伤害能够彻底打消对方反抗的念头，让他没有报复的可能，否则使用丑恶法绝对是谈判中的下下策。

四、"K"代表英文单词"kind"，意指善良

对方答应你的要求，因为你是个善良可爱的人，而对方也是个

善良可爱的人,所以对方会心甘情愿地答应你。于是,善良法"K"的基本逻辑是"**我要,因为你好**"。在实际谈判中,最常用的方法就是派出一个讨人喜爱、善于沟通的谈判代表,在面对对方时,他会说:"王总,我最喜欢跟您谈了,因为跟您谈最干脆,而且您每次都教会我好多好多的事情。"这些话其实都是在给对方戴高帽,但偏偏就是有人会吃这一套,因为对方的几句好话就会愿意多付出一些。

假设有人对我说:"游先生,您真是个干脆的人,有些人来谈事情要沟通好久,只有您能化繁为简,一下就搞定了。"请问这些话对我是否有效呢?答案是肯定的,即使我懂得许多谈判的套路,这句话对我仍是有效的。因为人都是重视关系的,对方对我说的这几句好话,相当于强调我们之间以前就建立起的相互喜爱的关系,我自然愿意多付出一些。

实质上,这是一种利用好话建立起关系,并以此换取所求的方法,通常在谈判中屡试不爽。

"FCUK"这一简单的模型,实际上为我们提供了四种说服对方的方法:"F"所代表的"公平法"、"C"所代表的"标准法"、"U"所代表的"丑恶法"以及"K"所代表的"善良法"。如果能够将这四种方法用对场景,用得恰如其分,将会大大增强自身在谈判中的说服力,争取到更多想要的东西。

18 应答技巧
正确地说"不"与"好"

在谈判中,最常说到的两个字,一个是"好",一个是"不"。对方总是期待你会说"好",但你也可能产生疑惑,如果自己总是在谈判里说"好",是不是就意味着自己太好说话,太不懂谈判了?

美国著名的广告女强人怀斯曾经说:"商业上我们说的最危险的字就是'不',第二危险的字就是'好',但你可以做到两个都不说。"她的意思是直接说"不"或"好"都不是好的谈判态度,好的谈判态度其实是一种商量的态度。

所以,谈判中有一个基本的原则:"**只说'不'或'好',通常很不好。**"

在谈判中,要委婉间接地表达出"不"或是"好",还是有许多方法可以尝试的。

首先来看如何正确地说"不"。

第一种"不",叫作"真不"。

这个"不"是真的,不留下任何商量的余地,不留给对方任何想象的空间。当你要说这种"真不"时,你的表情和动作都要配合,告诉对方:"不好意思,这个事绝对没有可能",此路是行不通的,这件事门都没有。但有些人明明说的是"真不",却仍给对方留下了想象的空间,那么这个"不"就会传达出错误的信息。

所以,在说"真不"时,必须要让自己的语言表达和非语言表达两者相互配合,让对方确信你的坚决。

在谈判中,这种"真不"其实是不太具有谈判精神的,所以注意一定要少说。但如果对方要违背你的某种基本原则,或是要牺牲你的根本利益,这就是必须说"真不"的时候了,必须告诉对方没有任何的商量余地,用"真不"的态度让对方接收到"真不"的信息。

第二种"不",叫作"装不"。

"装不"其实是一种你原本可以不说"不",但你故意说个"不",来试探对方是否能够给你更好的提议以及做出更多的让步。有的人演技高超,有办法将"装不"说得跟"真不"一样,虽然这样做可以向对方施压,迫使他做出让步,但同时你的公信力也会受到严重的损害。

所以,如果要用"装不"这一招,就必须把握好尺度,不能像说"真不"时那么强硬,你可以说:"这个价格真比我预期的高太多了,如果我让步的话,我的损失就太大了。"本质上你还是在说"不",但语气上更为柔和,也为双方留下了商量的余地。

第三种"不",叫作"要不"。

"要不"其实是一种建议,意思是你对其中的一个项目说"不",同时对另外一个项目说"我要",相当于一种等值的替换。比如在交易中,你对对方说:"这个费用我是不能再加了,除非你帮我找到我要的限量款。"

所以,"要不"其实是用"不"来换取那个"要",也就在谈判中制造出了商量的可能性。

第四种"不",叫作"要不这样"。

这种方法是哈佛大学法学院谈判专家威廉·尤里所建议的,意思是先告诉对方你要什么,你重视什么,然后因为这个理由对对方说"不",继而再提出一个折中的方案,这个方法既不违背我的要求,也不算完全拒绝了你。这三个步骤连起来就是"要不这样"。虽然

"要不这样"里面的"不"实质仍是拒绝,但这个"不"里面却涵盖着商量解决问题的可能性。

假设一个朋友让你把车子借给他,然后你说:"不好意思,因为这几天公司有重要的客人要来,我都要用车,所以没有办法把车子借给你。但是我们公司还有一台旧车,这台车虽然不能跟我的车相比,但还是可以用的。"可见,运用"要不这样"的方式,这个"不"对于对方来说就不是那么难接受的了。

总结一下说"不"的方法:"真不"要尽量少说,只有对方触犯到自己的核心利益和基本原则时才可以说;"装不"存在的风险是会让对方误认为你是"真不",所以也要谨慎使用;"要不"是在谈判中比较好的一种说"不"的方法,相当于用一个"要"去换一个"不";而更好的方法叫作"要不这样",在陈述自己说"不"的理由时,也提出一个折中方案去解决对方的难题,此时已经上升到一种"不"的艺术了。

所以,这四种"不"的应用场景与运用方式一定要拿捏得当,在谈判中,"要不"跟"要不这样"是永远优于"装不"跟"真不"的。

在谈判中,我们为了达成协议,都希望对方说"好"。但为了降低说"好"的风险,也要学会如何**正确地说"好"**。

第一种"好",叫作"真好"。

如果某个谈判项目,对方真的令你非常满意,当然可以用"真好"来表达对于对方的感谢,强化双方之间的关系,但"真好"也会带来一定的风险。假设对方卖给你一台车子,如果你对他说:"这台车子实在太棒了,真的好便宜,谢谢你!能买到你的车,我实在是太高兴了。"如果双方之间的关系并不是长期且密切的关系,你这样毫不吝啬地说"真好",会让对方觉得是不是给你太多了,是不是自己亏太大。

所以,"真好"的风险在于,如果你表现得太满意,是会让对方觉得你是一个容易满足的人,因此你就有可能拿不到某些好处,甚至会损失掉一些利益。

第二种"好",叫作"刚好"。

"刚好"是谈判中最常使用的"好"。在谈判中,双方很少能达成一项完全满意的协议,完全满意的状态是很少见的,达成的协议总是会存在一些缺陷的。实际上,"刚好"意味着仍旧存在可以提升的空间,对方还可以提出令你更满意的方案,为你提供更好的服务。下一次如果对方再有更好的产品,一定也会优先通知你。

这是因为你觉得"没有达到完美的好"使对方产生了"为你创造

更好的产品"的动机,而这正是"刚好"创造出的价值。

第三种"好",叫作"要好"。

"要好"的意思是如果你能再给我一样东西,我就说"好"。比如买车时,买家对卖家说:"如果能争取在一个月内交车的话,那么我就买了。"其实"要好"与"要不"异曲同工,但"要好"会比"要不"听起来更为顺耳,更有善意。

具体而言,"要好"有两种用法:一是**"要了就好"**,意思是你给了我所要的,我就说"好";二是**"先好再要"**,意思是我先说"好",但之后你得给我想要的。比如买家经常会对卖家说:"我都已经买了,那么再送我点东西吧。"这就是"先要再好"。

第四种"好",叫作"不好"。

有些人明明已经说了"好",但仍旧会表达自己的不满,说对方给自己的东西"不好",摆出一种自己勉为其难的样子,这其实是自相矛盾的。这样的"不好"是解决不了任何问题的,只会制造双方的不愉快,所以是要尽量避免的。

总结一下**说"好"的方法**:"真好"是不能随便说的,免得让对方觉得自己让步过多;"刚好"是最常用的,可以让对方继续创造出价值;"要好"是比"要不"更为和善的,也是最能发挥出谈判的商量精神的;"不好"则是应该避免的,吹毛求疵只会让谈判不欢而散。

在谈判中,不能单纯地说"不"或是"好",这两个简单的字背后其实蕴含着复杂的信息,所以要懂得有智慧地去说"不"或是"好",这样你的谈判IQ才可以到达高手的水平。

19 终局阶段
利用"和局"化解"僵局"

在前面的章节中,我们介绍了谈判的战略阶段、准备阶段、开局阶段、磋商阶段,本节我们将进入谈判最后的一个阶段——终局阶段。

经过磋商之后,双方的立场正在逐步拉近。所以,终局阶段最重要的是看双方能否化解各种不同的矛盾和分歧,拉近彼此在不同议题上立场的差距,从而达成协议,形成共识。俗话说:"行百里者半九十",在谈判中更是如此。如果终局阶段没有处理好的话,就前功尽弃了。所以,终局阶段是达成协议前最为关键的时刻,决定着整个谈判的最终成果。

在谈判中,有四种可能的终局方式:**成局**、**破局**、**僵局**与**和局**。

1. 成局对应英文里的"deal",表示双方达成协议;

2. 破局对应英文里的"dead",意为谈判宣告死亡;

3. 僵局对应英文里的"dead lock",意为谈判被锁住了,无法推进;

4. 和局对应英文里的"draw",意味双方达成了和解。

在谈判中,双方都希望达成成局,但也可能遭遇僵局甚至是破局。为了解决僵局与破局,我们就必须用到和局。

下面,我们将会具体介绍谈判中这四种终局形式:

一、成局

成局代表着双方增进了彼此的依赖关系,关系变得更为紧密。因此,成局对双方都是最有利的,也是双方所期待的结果。但决定是否成局的因素有许多,比如双方的设定目标、立场差距、谈判能力等。尤其是设定的目标,最好不要一开始设定得很高,不然很容易变成不可能完成的任务,谈判成局的概率也会大大降低。

所以,一定要事先对谈判形势进行合理地评估,如果一味贪心想要太多,反而不利于达成结果。

比如对方欠了你100万元,而且已经催讨了很久。那么最近一次与对方谈判的目标就可以设定为"拿回其中的三分之一且让他承诺会继续还款",这样就很容易成局达成目标。但如果你把目标设定为"拿回全部的 100 万元,且要追加利息",成局的难度自然就提高了。

二、破局

破局代表着谈判不仅没有谈出结果,而且还伤害了双方的关系,双方为谈判所付出的时间与精力全部浪费掉了。因此,谈判高手通常都具有很高的韧性,不会让谈判轻易地破局。就像美国职业棒球洋基队的著名球员贝拉所说:**"只要还没结束,就是还没结束"**,这句话听起来有点像废话,但贝拉想要表达的意思是,只要还没有到最后一球,我们在球场上永远是有机会的。只要还有任何机会,我们就不能放弃。我们或许可以将破局当作向对方施压的手段,但不要轻易地将破局挂在嘴上,这对谈判是没有任何好处的。

所以,我们必须尽可能地避免破局,并且提醒对方,破局对双方是百害而无一利的。

比如在一段感情关系里,分手就意味着破局。如果双方彼此需要,只要还没有确定分手,就要去努力挽回。如果把分手当成口头禅,三天两头就提出一次分手,那么分手的可能性也就慢慢增加了。可见,破局并不是一个正确的协商、沟通或谈判的方式。

就算真的无可避免地走向破局,也记得"买卖不成仁义在"。虽然双方没有达成协议,但不要伤害双方的关系,未来还是有合作的可能。这就好比"分手还要继续做朋友",要做到其实是很困难的,所以在破局时仍能维持关系是一个高挑战的目标。

三、僵局

在谈判走到破局之前,经常会经过一个阶段——僵局。某些因素致使双方无法继续谈判下去,在某个重要议题上双方无法达成共识,就形成了僵局。如果僵局双方相持太久互不相让,是很容易走向破局的,所以僵局的处理方式会影响到最终谈判走向的结果。

僵局是如何发生的?主要原因有两种:

第一种是**"事不同意"**,意思是某项议题牵涉到你的核心原则与最重要的利益,双方互不相让。比如对方要你让出商场的一个位子,但这个地点人流非常多,是你营业额的主要来源,你不愿给,但他非要不可,就会陷入僵局。

第二种是**"人不和谐"**,意思是你不给对方某样东西,不是因为你给不了,而是因为他惹火了你,你不想给。比如你遇到一家商业手法十分粗暴的企业,你就是咽不下这口气,不想让他,宁愿谈判卡住,这就是所谓的"关系僵局"。

当谈判陷入僵局,就可以从造成僵局的原因入手,去设法突破僵局。如果这个僵局是因为"事不同意",那么你就要问自己,这件事真的是自己的重大利益,真的不能稍作退让吗?如果换个角度来看，短期的退让是否可以换取长期更大的利益？比如英国的哈里王子与美国女演员梅根·马克尔的婚礼中，英国王室除了接受了这位离过婚的新王妃，还接受了许多之前无法接受的事情，如婚礼现场允许非洲裔的黑人主教来讲道，允许非洲裔的演唱者来歌唱。英国王室的做法正弹性地展现了化解僵局、成就圆满的可能。

如果这个僵局是因为"人不和谐"，那么你就要问自己，是不是一定要情绪化去处理这件事，能不能放下情绪，抛下个人的成见，去帮助自己或企业取得利益？如果你实在说服不了自己去忍受对方，也可以试着直接与对方沟通，明确地告诉对方自己不能接受对方的态度和语言，去争取谈判在双方对等的态度下进行。但如果对方如果依旧我行我素，不顾忌你的感受的话，也只能接受破局的结果了。

另外，你也可以把僵局作为谈判策略来使用。谈判本来可以顺利进行，但为了要到更多，你可通过故意制造僵局，来逼使对方做出一点让步。不过这样的策略是否奏效，还需要评估一下自己的筹码是否足够多，以防对方坚决不退让，故意制造的僵局反而弄巧成拙，变成破局。

四、和局

如果你不想僵局走向破局，可以试着去和局。

在谈判中，会涉及许多议题，通常并不会所有的议题都是僵局，大多数情况下只有一两个议题上，双方会互不相让，处于僵局状态。此时，不如先将这一两个议题搁置一下，保留各自的意见，去就现阶段能达成协议的议题进行谈判。这种和局的做法即英文里所说的"agree to disagree,agreeably"。其中，"agree to disagree"的意思是双方对某些事表示同意，但某些事则搁置争议保持不同意。而"agreeably"则意味着这一切都是在双方非常和谐的状况下达成的。

所以和局的关键点在于：放下当前的矛盾，去找到现在可以相互合作、相互依赖的可能。

在谈判的终局阶段，如果你能够了解应对成局、僵局、破局、和局这四种局面，相信定能够达成一个满意的谈判结果。

第四章 对抗攻守

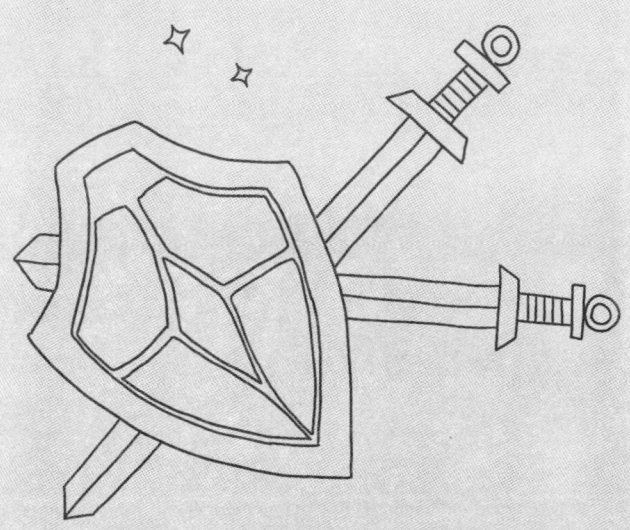

20 谈判筹码
提升自己的谈判优势

通常,决定谈判优势的因素有两大类:一类是谈判的战力,包括谈判的战略、战术以及战斗能力的发挥;另一类是谈判的实力,即谈判者在谈判之前就已经具备的一些有利条件。我们通常将谈判的实力叫作**"谈判筹码"**。

众所周知,要想在谈判中增加自己的胜算,不仅要在谈判中发挥战力,更要在谈判前去增进实力,累积足够多的筹码,并在谈判中善用这些筹码。面对谈判好比面对一场战争,你不仅要拥有更多更好的武器、兵力、盟友、粮草,也要懂得去调度、运用这些东西,才能兼具实力与战力,多几分战场上的胜算。

接下来我将会以五节的篇幅来介绍,如何在谈判中提升你的谈判筹码、增进你的谈判实力。本节我们将会对谈判的筹码，即谈判的资源、谈判的信息、谈判的时间与谈判的选项进行全面的说明。之后的四节我们将会深入地探讨这四大类型的谈判筹码。

谈判筹码即参加谈判的人所拥有的或是没有的东西。通常谈判筹码不是绝对的，而是相对的。谈判双方谁的筹码多，谁拥有对方所没有的筹码，谁就在筹码上更胜一筹。但有时双方在谈判筹码上的较量，往往不是事实上拥有多少筹码，而是要令对方感觉到你拥有多少筹码，所以感觉经常比事实还重要。

谈判筹码基本分为四类：**谈判资源**、**谈判信息**、**谈判时间和谈判选项**。

1. 谈判资源对应英文里的"valuables"，指的是自己手上所掌握的有价物；

2. 谈判信息对应英文里的"information"，指的是所获取的多种类型的情报；

3. 谈判时间对应英文里的"time"，指的是双方在谈判中的焦急程度；

4. 谈判选项对应英文里的"alternatives"，指的是谈判中可以走的路。

如果将这四个单词的第一个字母拼起来，刚好就是单词"VITA"，在英文里是"生命"的意思。我们可以把这四种谈判筹码比作平常人们最常吃的维生素，会为谈判者提供源源不断的养分。

一、谈判资源——"valuables"

其实,这四种谈判筹码都可视为某种资源、某种有价物。但这里的谈判资源"V",一方面特指你所拥有的,是对方想要的、能为对方带来价值感的东西,这样的东西你拥有越多,就越具有谈判优势。比如你拥有公认的稀缺资源或价值物,如黄金、石油、名车或是大受欢迎却产量不多的东西,就代表你手上的资源筹码是具有优势的。有时产品的品牌也是一种资源,比如时下流行的联名款,某些产品只要贴上了法拉利或保时捷所授权的商标,就会提升其本身的价值。

另一方面,如果你拥有的资源是能够减损对方价值或是给对方造成伤害的,也算是谈判中的优势资源或价值物。比如你掌握了对方的秘密,或是拥有可以伤害对方的武器,甚至是把对方所依赖你取得的东西拿走,都可以减损对方的价值,给对方造成伤害。

无论是能为对方增加价值,还是减损对方价值的东西,都可以视为谈判资源"V"。

二、谈判信息——"information"

谈判中的第二类筹码是谈判信息,对应"VITA"里面的"I"。我们可以把谈判前双方间的信息筹备比作信息战、情报战。要想掌握信息筹码，谈判者就必须对自己、对方以及双方局势有更多的认识，同时最好也能知道对方掌握了多少信息，做到"知己、知彼、知局、知知（了解对方所知道的）"。如果你能掌握这些信息，就能在谈判中拥有信息筹码了。

三、谈判时间——"time"

谈判中的第三类筹码是谈判时间"T"。时间一直在前进，如果有人说"我没时间了"，就意味着他所拥有的价值、他创造价值的能力会大幅地减损甚至归零。反之，如果有人说"我的时间还很多"，就意味着他不会因为时间的流转，而失去价值或是丧失创造价值的能力，甚至还会因为时间的流转增加价值或是创造出更高的价值。时间筹码，显然是在后一种人的手上。

运用时间筹码，是需要分析具体情况的。如果时间拖得越久，就会我变强、敌变弱，那就采取拖延的战术；如果时间拖得越久，就会敌变强、我变弱，那就要采取"速战速决"的战术。正如武侠小说中，如果一位年轻少侠遇到一位资深前辈，是不需要急着比武的。因为时间是站在年轻人这边的，十年后，很可能就是这位年轻少侠居于上风了，这就是正确运用时间筹码的重要。

四、谈判选项——"alternatives"

谈判中的第四类筹码是谈判选项,对应"VITA"当中的"A"。选项筹码即双方各有什么路可走,以及除了谈判之外还有什么路可走。一方能走的路越多,就越不会依赖于对方,在谈判中就越具有优势。如果你的状况是"条条大路通罗马",那即使谈判破局,你还有其他的选项筹码。如果在谈判中对手采取一种围城的手段,切断了所有其他的渠道,只剩下他一个选项,此时相当于对方压制了你的选项筹码,你在谈判中就居于弱势了。

我们来看这样的一个故事,女儿遭遇到了一个人生困境,她就问妈妈:"妈妈,我正站在爱情的十字路口,不知道该往哪里走,你可不可以指点指点我?"结果妈妈听完就说:"傻女儿,其实你哪里也不用去,就留在十字路口,因为只有这样,你才能指挥交通。"

所以,当你有很多路可走的时候,其实你拥有着最大的选择权,拥有最多的选项筹码,相比只有一条路可走的人,真是具有太大的优势了。

上述介绍的谈判资源、谈判信息、谈判时间、谈判选项,都是谈判中最常见的筹码,是谈判高手最重要的"维生素"。

21 资源战
为对方创造利益或造成伤害

谈判资源即你所拥有的能够满足他人需要或是给他人造成伤害的价值物。你手中的这类价值物越是珍贵、越是稀有,那么你在谈判中就拥有更多的资源筹码。

常见的谈判资源可分为**四种类型**:

一、利益性的资源

利益性的资源即可以为对方创造利益与价值的资源。

利益性的资源具体可细分为三种:

1. 人力资源

人力资源意味着更多的创造力和更大的消费力,所以谁拥有可以调度的人力资源多,谁就占有一定的资源筹码优势。

2. 物力资源

比如你拥有丰富的石油、天然气、矿产等自然资源,拥有高产量的农产品等物产资源,拥有地方、企业、国家的技术资源等等。谁占据的物力资源越多,谁就在资源筹码上更胜一筹。

3. 财力资源

简而言之,谁拥有更多的资金,谁的资源筹码就更多。

因为这三种资源都被认为是具有利益和价值的,所以可以拿着这些东西在谈判桌上换到其他的东西。比如,某个国家缺乏天然资源,但有许多的专业人力,就可以把这些专业人力输出到另外一个欠缺专业人力的国家,同时换取那个国家丰富的天然资源。这就是一般贸易最基础的条件,也是交易双方彼此发挥出所谓的比较优势或比较利益。

谈判中,通常就是拿我的资源换取你的资源,所以谁手上拥有的资源多,谁就越具有谈判的优势。

二、权力性的资源

权力性的资源即某个人所拥有的可以分配、核准、指派、做出某种决定的权力或是权限。如果你拥有这种权力，就可以把这种权力分享给你的谈判对手。比如你能够决定谁能走绿色通道，谁有优先权，就等于可以给予谈判对手一种优先权利。再如你能够在一群申请者或竞争者里决定谁被允许从事某种特殊的活动，这种授权、特许的权力，也是谈判中一种很强的资源优势。

所以，如果你能够向对手证明自己手中握有某些权力，自然会在谈判当中增加自己的筹码。

三、知识性的资源

知识很容易与谈判信息相混淆，但知识与信息是不同的，知识比信息更复杂、更具系统性。而且谈判中的知识，是指能够完成工作或解决问题的实用知识，也是企业经常提及的"know how"，意思是你知道如何去完成某项工作。如果别人不知道如何去完成某项工作，不知道解决某种问题的方法，但你知道，那你就在谈判中拥有了知识资源的优势。

美国总统特朗普是企业家出身，他对外做演讲时，经常强调自己是个谈判高手，他在《成交的艺术》一书中写道："谈判优势就是拥有另一个家伙想要的东西，或是更好一点，他需要的东西，或是再好一点，他不能没有的东西。"拥有别人要的东西，就是谈判的根本，有的话就能谈判，没有的话就不能谈判。上述的人力、物力、财力、权力以及"know how",都是可以在谈判中创造利益、创造价值的价值物。所以拥有了这些资源,就能帮助你的谈判创造出更多的可能性。

但在谈判中,光是让对方知道自己拥有这些资源是远远不够的,还必须强调这些资源能为对方带来的终极价值。举个营销学上常见的例子,如果一家企业生产了一款家用钻洞机,请问这个钻洞机有多少价值呢?钻洞机能创造出的直接价值,就是在墙上钻出洞。但看这个洞是不具有多少价值的。如果你钻这个洞是要用来挂证书、挂照片的,这时钻洞机就不是只钻了一个洞,而是利用这个洞去保留人生的荣耀与美好的回忆。所以保留人生荣耀与美好回忆,就是钻洞机所创造的终极价值。

在谈判中,你要告诉对方,自己所拥有的资源不仅具有眼睛所看到的价值,还能为对方带来终极价值。

四、伤害性的资源

资源筹码的第四种类型是伤害性的资源。这种资源越能够给对方造成损害,越能够让对方感觉到痛苦,它的效果也就越强。最简单的一种伤害性资源,是自己握有对方所需要的资源,却不给对方。比如某个国家因为天气寒冷,自己又缺少天然气资源,所以就需要从别的国家换取天然气。如果此时另一个拥有天然气资源的国家不给这个国家天然气,就相当于一种伤害,那这种伤害就可以换取对方的某种让步。

权力也可能成为一种伤害性资源,因为权力不仅可以给你好处,也可以伤害你。比如在马路上,行人大都会听从交警的指挥,因为如果不听的话,交警就有权留下你问话,也可以给你开罚单,甚至还可以带你回警察局。

此外,在谈判中,不合作、言语攻击、暴力攻击尽管是不鼓励的,但仍可以视为一种伤害性资源,在某些情况下,可以产生一定的谈判优势。过去,在美国芝加哥有一位非常有名的黑帮老大,名叫卡彭。卡彭曾说:"跟人怎么谈判呢?好言好语加上一把枪,要比只有好言好语可以得到的更多。"这位黑道老大正道出了一个谈判的道理,能给对方带来威胁和伤害也是一种重要的资源筹码。

在实际的谈判中,如果遇到对方掌握着利益性的资源,为了避免谈判对自己不利,你一方面可以掌握更多的利益资源与之抗衡,另一方面也可以从根本上放弃此项利益资源,等于是对方有好的资源,但你已经放弃不需要了,对方的资源对你也就失去了价值。比如你告诉对方,自己不需要再赚更多的钱了,那么即使对方给你再多的钱,或是为你提供再多的赚钱机会,对你来说都是毫无价值了。这种方式,叫作改变看事情的"框架"。

如果遇到对方拥有伤害性的资源,为了避免谈判对自己不利,除了你也准备好伤害性资源之外,也可以去准备抵抗性的资源。比如对方拥有导弹,但你可以在导弹发射之前,把对方的发射台炸掉,相当于对方的伤害性资源对你就无效了。

如果自己的资源筹码不够,除了设法增加自己的资源之外,也可以通过结盟的方式,与拥有资源的人合作,去增强自身的资源优势。

总之,要让自己在谈判中占据上风,就必须不断地增加自己的资源筹码,增加自己的利益性资源、权力性资源、知识性资源以及伤害性资源,以确保自己在谈判中的基本优势。

22 情报战
知己、知彼、知局、知知

有一部好莱坞电影叫作《模仿游戏》,讲的是"计算机科学之父"艾伦·图灵的故事。在第二次世界大战期间,图灵曾被英国情报单位征用,发明了一部电脑,帮助英国和盟军去破解纳粹德国的军事密码。当时,德国纳粹有一部叫作"Enigma"的密码机,如果能将这部"Enigma"密码机破解,英国和同盟国就会知道德国每天发出的电文里的秘密,会对纳粹的兵力部署、调度等重要信息了如指掌。结果,图灵所发明的电脑就成功地破解了"Enigma"。但英国和同盟国所面临的麻烦是,不能让纳粹太早就察觉到"Enigma"已被破解。所以,他们必须谨慎地使用所破解的信息,只能先选择性保护一些次要目标。在《模仿游戏》这部电影里,对这一段情节进行了精彩地演绎,这场情报战也获得了成功。

类似于在战场上获取情报,谈判上获得信息也是至关重要的。谈判信息也是谈判四大筹码中的第二大类,对应"VITA"中的"I",即"information"。在第 21 节,我曾提过信息筹码包括"知己、知彼、知局、知知"。在谈判中,信息筹码的竞争相当于双方的情报战,情报战的胜负将决定双方谈判优势的高低。

情报战具体可分为:谈判前的信息获取与谈判过程中实时信息的搜集。

一、谈判前的信息获取

在谈判中,你需要知道多种类型的信息或情报,必须对双方到底拥有多少筹码做到心里有数,要对双方各自拥有的筹码价值了如指掌,也要深谙市场行情和行业标准,知道影响价值的可能因素。如果我们知道一件东西的价格与成本的关系,就能判断出这件东西卖给我们的价格是否划算。比如在服饰界,一件衣服的成本一般占定价的一成到两成,所以如果你买到一件打五折的衣服,只能说价钱还算不错,因为这件衣服的价格是可以打到三折甚至两折的。而对于汽车来说,它的成本就没那么低了,汽车的成本大概占售价的八成或九成,所以如果你买到了一辆打九折的汽车,已经是非常划算了。如果你没有掌握这些信息,就无法在谈判中明确事物的价值,没法做到心中有数了。

为了增强己方在谈判中的信息筹码,你还必须知道自己掌握了多少对方的信息,对方掌握了多少自己的信息,明确双方各自所需要的东西。更重要的是,你要掌握双方的选项信息,知道自己有多少选项、多少条路可以走,对方又有多少选项、有多少条路可以走。比如对方的需要除了你以外,是否还有其他的供应来源?这些来源的优缺点有哪些?此外,你还必须了解相关的法律信息,明确哪些选项是被允许的,哪些选项可能是被限制的。只有充分地了解到这些选项信息,才能有针对性地做出谈判策略。

在搜集上述信息的同时,你也要了解谈判对手和他所代表的企业的相关信息。如今利用互联网或社交媒体,就可以相当充分地搜集到这些信息了。比如比利时有一家银行工会曾拍摄过一部公益广告。广告的内容是这样的:在比利时布鲁塞尔路边的一个帐篷里,坐着一位读心术大师,他的助手在路边邀请路人来参加读心的试验。自然有跃跃欲试的参与者走进了大师的帐篷,结果神奇的一幕发生了,大师在问了这位参与者几个简单的问题之后,不仅可以说出这位参与者最好的朋友的名字,最近去过哪里,买了什么东西,还说出了参与者最近是变瘦了还是吃变胖了。这下,所有被大师读过心的参与者都惊呆了。就在这时,帐篷里的幕布突然掉落下来,原来根本就没有什么读心大师。其实在大师背后有一群工作人员,在大师问问题时,他们就通过参与者透露的有限信息在互联网上快速搜索,包括这位志愿者在社交媒体上留过什么言、贴过什么文,所以参与者的好朋友是谁、最近去过哪里、买过什么东西、变胖变瘦就全都知道了。

这个广告给予了我们这样两点启示:

1. 在谈判前一定要搜索了解一下你的对手。
2. 千万别在社交媒体上贴出会泄露己方情报的任何内容。

情报战中最重要的一项原则就是在谈判前必须做好功课。越是花时间去搜集信息的人,就越会在谈判中占有优势,其实谈判前的工作极大程度地影响着谈判的胜负。

二、谈判过程中的实时信息搜集

正式谈判开始时,并不意味着情报战的结束,因为谈判的整个过程都会牵涉实时信息的搜集。比如有一种纸牌游戏叫作"梭哈"。"梭哈"的规则是用五张牌来比较,谁的牌完成的组合大,谁就获胜。但在最终对决时,五张牌中仍然有一张牌是盖住的,你必须根据已有信息,推测出对方最后这张牌的大小和可能组合,才能决定自己最终要下多少注。

在英文中,有个"poker face"的说法,即**扑克脸**。什么叫扑克脸?用"梭哈"来举例,就是说无论盖着的那张牌是最大的"A"还是最小的"2",你都不可能从对方的表情里看出来。但不动声色的"扑克脸"并不是最厉害的"扑克脸"。

在电影《赌神》中,赌神故意做出了一种"拿到小牌"的表情,让对方觉得赌神最后这一张牌一定很小。结果赌神一翻开,竟然是张大牌,所以误导对手的"扑克脸"是比不动声色的"扑克脸"更技高一筹的。

还有一种"扑克脸"就更厉害了,明明你拿到的是小牌"2",却故意让对方看出来你拿到的是"2",而这时对方反而不相信你了,觉得你一定是在误导他,认为你表现出拿到"2"但实际可能是一张"A"。这一招其实就是《三国演义》里最著名的空城计,空城计就是一种虚实难测的"扑克脸"。

通过以上这三张"扑克脸",可见在谈判的情报战中,对方会出**现四种基本的态度:**

1.诚实的态度,即公开的"扑克脸"

拿到大牌就说是大牌,拿到小牌就说是小牌。尽管诚实的态度一般在谈判中是不被鼓励的,但如果真有人在谈判中这样对你,就表示对方信任你,把你当成朋友。请你一定要感谢他的诚实。

2.隐藏的态度,即不动声色的"扑克脸"

遇到这种对手,你就必须注意查探,要搞清楚对方隐藏着的究竟是什么。

3.变化的态度,即误导对手的"扑克脸"

明明手中是大牌,却故意误导你,让你觉得是小牌,反之亦然。遇到这种对手,就必须明察对方的变化,去了解对方过去惯用的招数,谨慎分辨。

4.莫测的态度,即虚实难测的"扑克脸"

虽然对方会如实告诉你牌的大小,但又会让你觉得他说的不是实话。遇到这种对手,你就要比对方更会计算,更虚实莫测,打乱对方的阵脚。

此外,还有一种特殊的情报战,即释放购买信号的情报战。意思是你虽然没有明确表示购买意愿,但某些动作却传达出了购买信号,让对方觉得你是会买的。

比如你表达出了对于某个东西的喜爱,或是言语间把某个东西当成已经拥有了一样,或是你很关心某个东西的使用细节……诸如此类,当你无意间做出这些动作时,就相当于给了对方一个情报,你是想要购买的。

但如果你并不想让对方太早知道自己的购买意愿,就必须注意隐藏起这些购买信号,不要让对方看出你对某样东西的喜爱,甚至可以误导对方:"每一件都差不多嘛,很多家都在卖。"这样,对方就会更为认真地对待你,也会帮助你搜集到一些更具价值的信息。所以购买信号的隐藏与捕捉,也是一场重要的情报战。

总之,打好一场信息情报战是至关重要的,甚至可以在一定程度上决定谈判的走向与结果。所以,赢得越多的信息筹码,就越会在谈判场中占据更多的优势,帮助己方获取更多的利益与价值。

第四章 对抗攻守

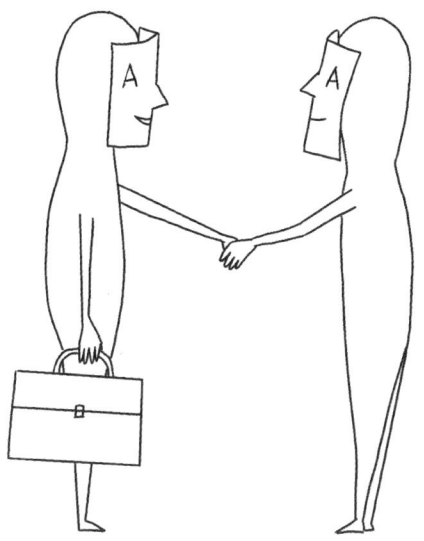

遇到虚实莫测的"扑克脸",你就要比对方更会计算,更虚实莫测,打乱对方的阵脚。

23 时间战
让对方陷入焦急状态

时间在不断地流逝,没有人可以让时间停止,那时间如何成为可以运用的谈判筹码呢?

时间筹码指的是双方在谈判中的焦急程度。简而言之,通常哪一方在谈判中越是焦急、慌乱,就越容易失去冷静评估的能力,越会居于不利的地位。所以,通常谈判高手为了占有优势,就会运用"让对方焦急而自己不急"这一时间筹码。

《论语·子路篇》有:"无欲速,无见小利;欲速,则不达,见小利,则大事不成",这句话十分适用于谈判的场景。意思是如果着急地追求速度,是难以达到目的的。同时,一味地追求速度还会有另一个弊端,即人越是在焦急的状态,越容易只看见眼前的小利,不去做长远的规划。所谓"放长线钓大鱼",如果因为一时焦急,贪图眼前的蝇头小利而失去了大的格局,只会得不偿失。

在谈判中,要打好时间战,掌握住时间筹码,就必须知道各项事物较于双方的轻重缓急。如果我们能消灭容易引起自己焦虑的诱因,同时让对方陷入焦急的境地,自然就可以获得更多的时间筹码。

那么有哪些原因可以让人陷入焦急?

一、来自需求的急,即急需

通常人们为了解决这个急需,可能付出很大的代价,或是去冒更大的风险。

比如，在景区游玩时，你突然内急，景区内没有免费公厕，找来找去只有一个收费很高的厕所，甚至"敲你竹杠"，此时你是否会付钱呢？通常大家都会付钱，尽管要付出超出平常的钱，也要先解决自己的急需。如果你事先做好了攻略，知道景区内没有公厕，为了不被"敲竹杠"，你应该设法解决这种"急"。

最好的克服方法有两种：一是改善现状；二是选择其他选项。比如少喝点水即改善现状，或是找一个民宅去借厕所。这两种方法，都可以降低急需发生的可能性。

二、来自局势的急，即局势对你不利

随着时间的流逝，自己会变弱而对方会变强，就是局面对你不利了。此时你可能会说："时间筹码不在我这边呀。"时间拖得越长，对方的时间筹码越会增加，而自己就越会陷入不利的境地。

比如，某个国家判断出另外一个国家的国力正在增强，或者很快就会获得某种重要资源，无论是利益性的资源还是伤害性的资源。某国一看局势再拖下去，显然对自己是不利的，就会"先下手为强"。历史上，日本偷袭珍珠港就是发觉自己的劣势局面，"先下手为强"的典型案例。

当然在谈判中，除了争取时间打击对方，制衡对手更好的方法其实是对方变强，自己也变强。比如赛跑时，对手加速，你也加速跑快。在《三国演义》中有个类似的故事:"死诸葛吓走活仲达",仲达即司马懿。故事说的是司马懿听闻诸葛亮去世了,觉得蜀国失去了诸葛亮的指挥,自己的赢面就变大了,就立刻去追打蜀国的军队。结果追到一半,蜀国军队忽然掉头推出一个四轮车,上面居然坐着"诸葛亮"(其实是事先做好的木雕像),这下可把司马懿吓坏了。诸葛亮居然还活着,意味着双方的局势没有转变,立即掉头奔逃了五十里,才被手下拉住。虽然故事是虚构的,但诸葛亮事先预料到了自己死后双方局势的改变,于是用了欺瞒的手法,让司马懿误认为自己的判断有误,从而一定程度上牵制住了司马懿的行动。

除了"敌强我弱"之外,另一种局势上的"急"是随着时间的流逝,整个局面将会变得越来越糟糕,会令自己产生损失或难以取得利益。比如说"某人急得像热锅上的蚂蚁",如果这个锅继续加热下去,活生生的蚂蚁就会被烤焦了。所以,如果面对一个越来越差的局面,就必须设法走出这个"热锅"或彻底把火关了,消灭掉会让局势恶化的因素;否则你会在被动的劣势局面里,完全丧失掉时间筹码。

三、来自谈判时间的急

即在谈判中,对方给你的某种好处、某种让利是有时间限制的,比如说"对不起,这是限时折扣";或者还有人会对整个谈判设定时间期限,比如说"如果不在这个时间内达成协议,谈判就自动结束了"。试想如果谈判只剩下 20 分钟,双方却没有谈出什么进展,自然会产生压力,一旦着急就可能做出太早或太大的让步,这样显然是不正确的。

在谈判中有一种"**80/20 法则**",意思是谈判中有 80% 的成果,会在最后 20% 的时间里达成。所以,谈判就是一场时间战,可以告诉对方:"时间再拖下去,你的需求,我就不能满足了;给你的让利,我也收回了。"让对方焦急而自己却临危不乱,是打赢这场时间战的一种方法。需要注意的是,任何可以满足需求或让利的时限,都有可能是个假时限。可见设定时限这一表面上十分简单的操作,会涉及一些"尔虞我诈"的过程。所以,谈判中一项非常重要的工作就是,必须询问清楚对方是否会设定一些压力时限,并反复测试确认时限的真假,以及是否有可以推迟的可能。

总之,匆忙与焦急在任何谈判中都是不利的因素,所以要谨慎运用谈判中的时间筹码。自己不急而想方设法地让对方焦急,同时也要沉稳有耐心,不要被对方逼迫就着急做出决定。

24 选项战
拥有离开谈判桌的权利

在前面三节,具体介绍了四种谈判筹码中的资源筹码、信息筹码、时间筹码,本节将介绍最后一个筹码——**选项筹码**。

首先我们先来做个关于谈判选项的测试:

假设你想买一款电脑,分别去三家不同的商店询问价格。如果第一家店卖 3.7 万元、第二家店卖 3.8 万元、第三家卖 3.9 万元,请问你会选择以下四个方案中的哪一个?

1. 不杀价,直接到售价 3.7 万元的那家去买;

2. 到售价 3.7 万元那家杀价;

3. 到售价 3.8 万元那家杀价;

4. 到售价 3.9 万元那家杀价。

如果你已经选好了,那么让我来公布答案。在谈判中,如果只能有一个正确选项的话,那正确答案就是第三个:到3.8万那家杀价。虽然最正确的答案是第三个,但其实在每一个选项都代表了一定的情况,我们逐一来说明。

一、"直接到售价3.7万元的那家去买"

如果你选择第一个答案:"直接到售价3.7万元的那家去买",那说明你是个老实人,同时也意味着你放弃了谈判。但你如何确定不会杀到比3.7万元更低的价格?除非你把杀价所花费的时间成本看得比杀价所获得的利益还多,否则3.7万元还是有价可杀的。

所以,不应该轻易选择第一个答案。

二、"到售价3.7万元那家杀价"

我们再来看第二个答案:"到售价3.7万元那家杀价",这代表你在货比三家之后,选择了最便宜的一家来杀价。选择售价3.7万元这家来杀价,通常你会说:"给我便宜点吧,卖我3.6万元好吗?"但一般店家都是不会轻易答应的,这时需要使用一些谈判的招数,你可以说:"那最多3.65万元可以吗?"如果店家还是不同意,你可以说:"这样,我本来要坐出租车回家,现在坐公交吧,3.68万元可以吗?"结果对方还是不肯,此时你只好使出最后一招:"我还要留100元吃午饭的,那3.69万元可以吗?"如果这时店家还是一毛不让,坚持卖3.7万元,你有点不甘心,使出杀手锏"走人法",说:"3.69万元不行的话,我就走了。"可以走得慢一点,看看店家是否肯让价。这招奏效固然是好,但如果还是无用,你就只好走出这家店了。此时你就只能再到3.8万元那家店去试试运气了,但在这家很可能谈出比3.7万元还贵的价钱。

所以,你必须保留一个杀价不成功时的选项,售价3.7万元的那家应该作为谈判失败时的备选方案。

三、"到售价3.8万元那家杀价"

最保险的做法是选择第三个方案"到售价3.8万元那家杀价"。但很多人都会犯的错误是,直接对售价3.8万元这家老板说:"老板,你怎么卖我3.8万元呢?隔壁只卖3.7万元哦。"这时老板就会回怼你:"那既然隔壁卖3.7万元,你干吗来我这家呢?"此时你不仅会失去自己的杀价优势,更会为对方提供一个发挥信息优势的机会,老板可以说:"一分价钱一分货,你确定两家是同一种货吗?你确定他家的电脑是原厂生产的吗?你确定里面某个零件没有被更换吗?"所以,如果一上来就打信息战,你是赢不过店家的。你不如试试这样说:"是我的朋友介绍我来的,我也没比过别家,不过我现在只有3.6万元,可以卖我3.6万元吗?"如果对方不肯,就可以慢慢往上加价:3.65万元行不行?3.68万元行不行?3.69万元行不行?但是你肯定不会加到3.7万元的,因为你已经有3.7万元的备选了。如果你加到了3.69万元时对方仍是不肯,你就可以立场很强硬地说:"我走了。"此时你不怕走,因为3.7万元那个选项永远在你的口袋里。

根据我自己的谈判经验,双方通常在售价3.8万元的这家就成交了。因为既然市场价格能卖到3.7万元,说明这一价格是有利润的,所以当你出价3.6万多元时,他可能只是少赚一点而已,如果你再表达出希望快速成交的意愿,店家很可能就会与你成交了。但如果你在售价3.8万元的这家杀价失败了,你还可以到售价3.9万元的店里按照相同的招数再杀一次价,走进去时一样说:"是我的朋友介绍我来的,不过我口袋里只有3.6万元。"但请记住,杀价时绝对不能低于3.7万元。

如果售价3.8万元和3.9万元的两家都杀价失败了,你或许会产生疑问:"这不相当于做无用功,还不是得回去买3.7万元的电脑?这不是与直接选择第一个答案一样吗?"但这并不一样,就算你杀价失败回去买了3.7万元那家的电脑,也能比之前更肯定3.7万是个好价钱,因为在售价3.8万元、3.9万元这两家杀价时,已经叫到3.69万元,人家仍旧不卖,说明3.7万元的确是一个划算的价钱。回到售价3.7万元的这家店时,你也可以玩一个爽快的"游戏",说:

"老板,我朋友介绍我来的,我这个人最干脆,我最讨厌杀价了,这多少钱,3.7万元是吧?好,我买了。"这种爽快是可以交到朋友的,运气好的话,老板还会因此多送你一两个赠品。

四、"到售价3.9万元那家杀价"

最后,我们来看第四个方案:"到售价3.9万元那家杀价",如果你先选到售价3.9万元的这家杀价,但你的开价是3.6万元,这和店家的要价差距太大,所以相比较而言去售价3.8万元这家杀价的成功率是较高的。当然,也并不排除有人会先去售价3.9万元的这家,因为他更在意的是信息,不是真的要买,而是要看看售价3.9万元的这家为何会比别人贵这么多。

通过上文的例子,就可以看出选项的重要性了,那要**如何在谈判中增加自己的选项筹码呢?**

1.要强化选项筹码,首先必须要让自己的选项增加

比如,除了和对方达成协议之外,你至少还有如下选项:

• 无法达成协议,维持现状;

• 你可以跟其他对象达成类似的协议;

• 虽然你和谈判对手没有达成某项协议,但可以用另外一项协议来替代。

如果诸如此类的选项增加了,就代表你的选项筹码也就增

加了。

假设你正在和某人论及婚嫁,结果对方的提议令你失望,那么有如下几种方式可以改善现状:

- 告诉自己单身也是很美好的;
- 等待一个更合适的结婚对象;
- 和对方讨论出另外一种共同生活的方式。

你所挖掘出来的选项越多,意味着你在谈判中的弹性就越大,选项筹码也就增加了。

2.除了增加自己的选项,你也可以令对方欠缺某种选项

继续以刚才结婚提议的例子为例,你可以让对方觉得维持现状对他是不利的,之后遇见的结婚对象不一定比自己好,目前恋爱的形式不如结婚可以带来更多的安全感。

简而言之,你要让对方知道他没有其他的选项,你所提议的就是对他最好的选项了。

总之,谈判选项是谈判中最为关键的实力,在英文中叫作"walk away",即随时可以离开谈判桌的权利。当你拥有许多谈判选项时,就是"条条大路通罗马",走别的路依旧可以到达同样的目的地。所以谁有更多的选项筹码,谁可以离开谈判桌,谁就具有谈判优势。正如在国际谈判中,常有一种"谁比较想谈,谁就比较居于弱势"的看法。美国总统特朗普在当总统以前,很爱在推特贴文对谈判技巧提出建议,2011年他曾经发表一则关于"成交艺术"的心得——"懂

得何时离开谈判桌"。美国不少人批评特朗普离开的谈判桌比留下谈成的谈判多得多,但"离桌"确实是许多谈判高手向对手施压的手段。

此外,还有一个与选项筹码息息相关的谈判理论——"BATNA",即谈判中的最佳替代方案或最佳备案,也是最为精髓、最为重要的理论,我们将在下一节详细介绍这一理论。

25 BATNA 选项
找到你的最佳备案

如果你是一个拥有选项筹码的人,那么这就意味着你拥有了一项重要的谈判权力——**离桌的权力**。当你所有的选项中最好的那一个要比与谈判对手达成的协议还要好时,就是你应该离开谈判桌的时候了。谈判专家将这个最好的选项称为"BATNA"。

"BATNA"即"the best alternative to negotiated agreement"的缩写,直接翻译就是谈判协议以外的最佳替代方案,简称最佳备案。

因此在和谈判对手达成协议以前,你一定要清楚自己的最佳备案是什么。

假设你正在找工作,准备到 A 公司应聘,在这之前 B 公司、C 公司已经确定录用你了。此时,你就可以先比较一下 B、C 两家公司愿意提供给你的条件。如果B公司更胜一筹,A公司提供的条件还没有B公司好的话,你就可以更有底气地跟A公司谈判一个比B公司更好的条件。因为B公司就是你的最佳备案,只要A公司的条件没有B公司好,你就不怕从跟A公司的谈判中离开。当然你也可以先拿B公司垫底,然后去跟C公司谈判更好的条件,一旦C公司的条件超过了B公司,C公司就成为你跟A公司那场谈判里的最佳备案了。

但实际情景中,每家公司给你的条件或是愿意提供的方案,通常牵涉到很多的议题,不是那么容易就可以判断出最佳备案的。如果某家公司离你住的地方比较远,发展机会也有限,但是待遇相对较高;而另外一家公司虽然待遇不高,却拥有发展机会而且距离你住的地方近,请问选哪一家比较好呢?这就好比一个由三个科目加在一起的总成绩,除了要看每个科目个别的分数之外,也要看你准备给每个科目多少配分。如果你认为发展机会是主要的考量标准,待遇排在发展机会的后面,离家远近排在最后,在这样的配分之下,自然就可以选出最佳方案来了。

在锁定你在谈判中的最佳备案后,务必记住两项原则:

1. 绝不接受比最佳备案"BATNA"糟的协议。

2. 如果你能改善最佳备案"BATNA",你就具备了改善协议的能力。

以离婚谈判为例,美国某些州实施的是夫妻共同财产制,除非有婚前的特殊协议，否则夫妻离婚时，无论钱是谁赚的，所有的财产都要一分为二。比如有一个名人拥有50亿美元的财产，却因为与助理有染，他的妻子向法院请求离婚，此时法律就判给这位妻子25亿美元财产。这位妻子因为法律有了这个选项，在谈判里的筹码就会很有分量。

如果这位名人向妻子保证"以后绝对不会再犯错了"，面对这样的情形，套用"绝不接受比最佳备案要糟的协议"这一原则，妻子一定要问清楚自己，是愿意跟这位保证不会再犯，但不知能否相信的丈夫共享50亿美元的财产，还是愿意自己拿走25亿美元，并获得自由身？这两个选项，哪一个对自己更为有利？如果妻子认为25亿美元加上自由身的这个选项要比与丈夫达成协议更好，就必须拒绝丈夫的提议，并将这一选项作为杠杆，然后设法去跟丈夫谈一个更好的协议。妻子可以说："你要我原谅你，可以，但你得先给我两亿美元，作为道歉礼物，然后答应我以后不用女助理，我就考虑不离婚。"如果丈夫不同意，妻子就可以说："那抱歉，我宁愿选择拿25亿美元走人。"

但如果这位名人丈夫和妻子签过一个婚前协议，协议规定妻子在离婚时只能拿走两亿美元，那么妻子的最佳备案是只能拿两亿美元，将此作为杠杆再去和丈夫谈判，就很难谈出一个比较好的方案了。所以，最佳备案的第二项原则也是十分重要的，只有学会增加自己的选项筹码，不断地改善自己的最佳备案，才能和对方谈成一个更好的协议。正如在职场中想要能够加薪,我们就必须不断提升自己,让自己保持市场竞争力,增加自己的谈判筹码;这样即使加薪失败,也可以跳槽到提供高薪的其他公司,不至于陷入被动的境地。

此外,在谈判中,你不一定要真正拥有最佳备案,如果能让对方相信你有最佳备案,其实偶尔也是能发挥效果的。

比如,你报考了 A、B、C 三所大学的研究所,A、B 两所学校已经确定没有考上,你只有 C 学校的面试机会。此时,如果你对主考官说:"对不起,请你们一定要录取我,如果你们不录取我,我就没有学校继续念书了。"这样说对你的谈判态势是不利的,相当于过度坦白地告诉对方自己没有选项筹码。但也不能明明 A、B 两个学校没考上,去骗主考官那两个选项还在,因为这是很容易查证的。

你可以这样说:"其实 A 校跟 B 校本来就不是我的首选,我的梦想是到 C 校来就读。如果很遗憾 C 校没有录取我,其实目前已经有一家公司准备录用我,待遇也不错。但我最希望的是到贵校读书,所以如果能够被录取,那份工作,我就拒绝了。"你也可以换一个说法:"其实我的家人是建议我出国的,但是我觉得你们学校比很多国外的学校还好,所以只要你们愿意录取我,我就愿意留下。"但对于你所提到的工作、出国,最好不要透露出更多的信息,点到为止。通常一个人的选项筹码越多,越能证明自己的竞争力。当你拥有越多的其他选项和最佳备案的时候,这些主考官往往越愿意录取你。

总之,最佳备案"BATNA",就是你增进选项筹码的关键。所谓"想好'BATNA'再去谈,改进'BATNA'就更好谈,没有'BATNA'就免谈",在谈判前务必把这个口诀牢记在心。当你拥有了好的最佳备案,你的选项筹码就胜人一筹了,这会让你在谈判中如虎添翼。

26 三种实力
打造你的"威魅力"

在谈判中,拥有了谈判的筹码,就拥有了谈判的实力,特别是当你采用对抗战略时,就会更有优势,更有赢面。除了增加资源筹码、信息筹码、时间筹码、选项筹码来提升自己的硬实力之外,在谈判中还应该增加自己的软实力及巧实力。特别是当自己的硬实力不如他人时,就更需要软硬兼施发挥软实力和巧实力。

从某种程度来说,实力就是一种影响力,能够让别人替你做事,替你取得想要的东西。而硬实力、软实力和巧实力正是让你发挥影响力的三种方式。

一、硬实力

先来看第一种方式——硬实力,即英语中"hard power"。硬实力最常见的手段是**利诱**和**威胁**。所谓利诱,就是你有能力提供给对方他要的东西,或拿走他不要的东西。所谓威胁,就是你有能力强加给对方他不要的东西,或拿走他要的东西。

简而言之,利诱就是给人糖,威胁就是给人痛。如果对方听你的,就有甜头;不听你的,就会遭遇痛苦。所以,拥有硬实力的人,就是拥有很强威力的人。

在一般国际谈判中,谁有更多的物产、更好的经济、更强的军事、更尖端的科技,谁就拥有更强大的硬实力。在企业或个人谈判中,谁的资源多、信息多、时间多、选项多,谁的硬实力就会高人一等。但硬实力带来的影响力其实并没有表面上这么强大,尽管它看起来很有威力,但对于对方而言,不过是一种交易或盘算。对方之所以听你的,不过是拨了拨算盘,认为听你的比较划算或造成的损失比较小而已,与心悦诚服地主动配合你是两回事。

二、软实力

再来看第二种方式——软实力,即英语中的"soft power"。这个概念是哈佛教授奈依在 20 世纪 90 年代提出的。软实力就是通过精神或软件来产生影响力。

对于一个国家或一家企业来说,软实力可以是文化、价值观、理念、典章制度等等。如果某个国家或某家企业的文化是令人向往的,价值观是令人尊敬的,理念是让人认同的,制度是让人想要仿效学习的,就说明它具备软实力。

而对于谈判者而言,深度的思想、懂得沟通的技巧、个人的人品和风度等都算是软实力的一部分。如果谈判者的个人魅力可以令对方心悦诚服,就说明他具有软实力。《论语》中有"远人不服,则修文德以来之",就是一种软实力的表现。

相较于硬实力要对方给你东西的强硬,软实力的优势在于让对方自愿主动给你东西。正如一个寓言故事所讲述的,想让一个人脱掉外套,任凭北风如何狂吹都无法吹掉,反而会让人家把外套裹得更紧。此时,如果让太阳来温暖大地,人家感到暖意后自动就脱掉外套了。所以,用硬实力的强力哪有用软实力的巧劲来得高明呢!

但是哈佛教授奈依和许多其他学者都发现,单靠硬实力或软实力并不能发挥出最大的效力。如果没有硬实力而只有软实力,就会缺失威力,对方就会不看重你;反之,如果只有硬实力而没有软实力,就会减损魅力,对方就会不喜欢你。所以真正强大的影响力就是把这两种实力合二为一,做到软硬兼施、刚柔并济。而这种把硬实力与软实力结合起来的方法,就是哈佛教授奈依所提出的巧实力,即英语中的"smart power"。

三、巧实力

巧实力是发挥影响力的第三种方式。美国前总统老罗斯福曾说过,在跟人谈判的时候,"话够软,棒够大,才能走得远。"(Speak softly and carry a big stick; you will go far.)意思是我们既要懂得用软实力说好话,也要以威力作为后盾让魅力来发挥。拥有巧实力的人,相当于拥有的是一种"威魅力",而在谈判中,我们就需要注意威力和魅力的比重。

比如,在国际谈判中,聪明的谈判者不仅会凭借自己国家的经济和军事实力来向对手施压,发挥出自己的硬实力;也会在整个谈判中面带笑容,与对手拥抱,运用好的话语、好的价值、好的理念来展现亲和力,发挥出自己的软实力。

但实际上,想要将这种巧实力运用得灵活自如,并不是一件容易的事,可依旧是有章法可以遵循的。

这里就来介绍三种运用巧实力的方式和原则:

1. 软实力在前,硬实力在后

意思是在谈判中,可以先运用软实力,如果这个软实力没有得到对方善意的回应,再继续使用硬实力。这就是在说好话的同时,要做好对抗的准备。

2. 软实力在上,硬实力在下

心理学家马斯洛曾提出过著名的需求层级理论,即人类的需求是有高有低的。软实力满足的是较高层次的需求,可以照顾到对方的感受,让对方拥有像是交了个朋友的归属感。硬实力满足的是比较基层的需求,可以满足对方的生存需求,保障对方的安全需求。

所以,在谈判中,既要软实力在上,照顾到对方高层的需求,也要硬实力在下,满足对方基层的需求,让对方感到满意甚至是愉悦,从而推动双方协议的达成。

3. 软实力在外,硬实力在内

软实力可以展现出谈判者的修养与气度,更容易赢得对方的好感。所以大多时候,硬实力越强的人,反而越要采取和颜悦色的沟通态度。硬实力在里,而更多地将软实力展现在外,要比同时展现软硬实力发挥出更大的影响力。

除了记住上述三项原则之外,在谈判中要展现巧实力,**还需要努力做好三件事:**

1. 改善自己的硬实力,提升谈判威力

具体而言,就是要不断增加可以运用的谈判筹码,让自己得到更多的资源,拥有更多的信息,争取有利的时间,创造更多的选项,在走上谈判桌之前,修炼好自己的硬实力。

2. 打造自己的软实力,提升谈判魅力

具体而言,就是要学会运用沟通技巧,不断提高自己的沟通能力,改善自己的形象,注意自己的表情、态度等细节语言,在谈判现场展现出自己的软实力。

3. 发挥出自己的"威魅力"

具体而言,就是要将硬实力与软实力合在一起,让威力与魅力相互配合,从而发挥出最大的"威魅力"。

做好这三件事,你将能在谈判中更巧妙地发挥出自己的实力,提高谈判的成功率。

27 谈判三点理论
构筑谈判防御体系

在前面的章节中,我们把谈判过程中双方就某项议题或某项提案进行价值主张或价值分配比作拔河比赛,那么在谈判的拔河比赛中如何占有上风,就需要用到一个重要的理论——**谈判三点理论**。

在商业谈判中,通常会涉及价格议题的谈判。比如卖方想卖贵一点,买方想买便宜一点,这时双方就必须讲价。而这个讲价就像是一场价格的拔河,如果卖方的力量大一点,买方就会被拉过去;反之,如果买方的力量大一点,卖方就会被拉过去。拔河比赛的例子可以很好地帮助我们理解谈判三点理论。

一、双方的进入点

谈判三点的第一个点即双方的进入点,英语里叫作"entry point"。在价格谈判中,双方的进入点就是双方的开价。

通常在交易中,卖方会给出第一个开价,因为卖方所卖的产品或服务往往是明码标价的,不过买方也会做出一个相对的开价。同时,也不排除在一些谈判中,买方会比卖方先开价。而开价多少、开价的先后顺序是必须在谈判开始前就思考好的。

二、双方的目标点

第二个点即双方的目标点,英语里叫作"enjoy point"。在价格谈判中,指双方希望达成的目标价。

设定目标价需要考虑的因素有二:

1. 实际,要参考市场行情。
2. 平衡,要考量双方的输赢是否是均衡的,不能只顾自己赢利而让对方觉得赢得太少。

谈判中有一项基本的原则:进入点一定要比目标点更好。对买方而言,进入的价格要比目标价格说得更低;对卖方而言,进入价格则要比目标价格说得更高。如此设定好目标价之后,就可以给出开价了。

三、双方的退出点

第三个点即双方的退出点,英语里叫作"exit point"。在价格谈判中,相当于双方的保留价,即自己所能接受的最低成交价。如果对方出的价格比这更低,你就应该离开谈判桌了。

退出点可以利用之前介绍过的最佳备案"BATNA"来帮助你设定,如果对方给出的提案比自己的最佳备案还要糟,就一定要退出了。

这三个点的设定在谈判中是十分重要的,并要遵循一个基本原则:三点不重叠。

简单来说,进入点必须比目标点更好、更难达成,目标点则必须比退出点更好、更难达成。只有这样,你才能建立起足够的战略纵深,来让你的谈判具有弹性。但如果你的进入点就是目标点,就会很难达成目标点;如果你的进入点就是退出点,情况就会更糟,再遇上对方要你做出让步,成交点就会低于退出点,相当于逼你退出谈判了。所以,三个点的设定是万万不能重叠的。

通常,谈判看起来会像双方在进入点或是开价点的拔河比赛。

比如,买家只出1万元,而卖家偏要1.2万元,看起来就像是双方在1万元与1.2万元之间的拔河。但实际上真正决定谈判结果的是双方的退出点。谈判专家将双方退出点所构成的区间称作"**可能**

协议区"。

"可能协议区"即英语中的"zone of possible agreement",简称"ZOPA",意思是如果双方在退出点之间有重叠的话,这个重叠的范围就是双方的"可能协议区"。

比如有一台车,卖方开价 12.9999 万元,买方开价 11 万元,看起来双方要在 11 万~12.9999 万元之间拔河,但成交的关键并不在于这两个数字。卖方虽然开价 12.9999 万元,但他真正的目标价是 12.5 万元,他能接受的最低价或退出点是 12 万元;而买方虽然开价 11 万元,但他希望的目标价是 12 万元,他能接受的最高价或退出点是 12.5 万元。这样双方就有了重叠的范围:12 万元~12.5 万元。有了这个重叠的范围,双方就有成交的可能了。假设双方的谈判三点都保持透明,并且双方实力相当,最后成交价就会落在重叠范围的正中间,即以 12.25 万元成交。

但是谈判的挑战在于,除了进入点之外,我们通常不会知道对方的另外两点落在何处。多数谈判者会用对方的进入点来猜测对方大概的目标点和退出点,所以狡猾的谈判者会故意抬高或拉低自己的进入点,来让对方高估或是低估自己的目标点或退出点。

在谈判中,通常先开价的一方可以通过进入点将双方讲价的范围拉动到有利于自己的位置,即谈判专家所谓的**定锚效果**。所以谈判者应该争取自己先开价,除非因担心自己不了解市场行情做出低开价,才让对方先开价。同时,有些对手会为了定锚效果,做出一种超高或是超低的开价,此时谈判者就需要谨慎分辨,小心对待。

除了争取自己先开价之外,也绝对不能让对方知道自己的退出点。一旦对方知道了你的退出点,知道了成交时他所能达成的最好的价格,就会使出浑身解数在可以成交的范围内,让你接受对他最好却对你最差的选项。对方很可能从你让步的模式里猜测你的退出点,比如在谈判中你先是做出了很大的让步,之后让得越来越少,最后几乎不让步时,对方就会知道已经接近你的退出点了。但这并不意味着你要坐以待毙,反而可以利用这点,故意制造出一个假的退出点迷惑对方,扩大自己的优势。

所以在谈判中,一定要为自己规划出谈判三点的战略位置,构筑起进入点、目标点、退出点的防御工事。但需要注意两点:

1. 必须论述出己方进入点的合理性

如果把进入点提高,就必须向对方说明这个价位为什么是合理的。如果只是空报一个进入点,对方不认为你有合理性,那么进入点的防御效果就会大大降低,反而化主动为被动了。

2. 遵循让步要慢的原则

为了赢得进入点带来的防守时间,你不能让进入点太快退到目标点,否则就很难达成目标点。一旦你的目标点最后还是失守了,就必须确保不会被对手压迫到接近你的退出点。如果对手步步紧逼,提出的协议低于你的退出点时,你就应该遵守原则坚决退出。

在谈判中还有一种特殊的情况，即谈判代表没有得到退出点的充分告知或是授权，那么谈判代表就必须向决策者请示，明确己方的退出点。

无论是之前介绍的谈判筹码，还是本节阐述的谈判三点理论，最常应用的场景都是对抗性的谈判。不过也有许多谈判不一定直接走向对抗，而是会摆荡在对话与对抗之间。那针对这种情况，要如何应对呢？我们将在下一节介绍。

第五章 对话合作

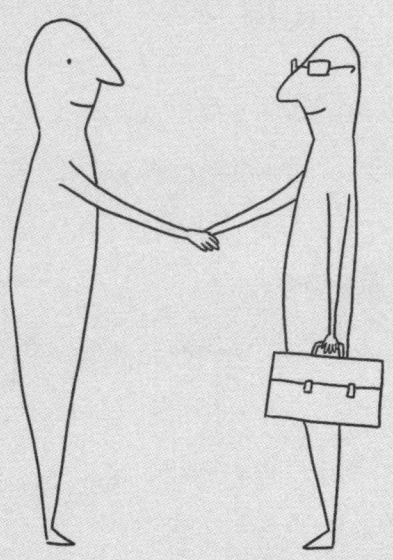

28 角色决策
选择做羊还是做狼？

在之前的章节中,我曾提到谈判中常用的四大战略——**退避战略、退让战略、对抗战略以及对话战略**。如果你选择退避战略或退让战略,就意味着你选择回避冲突,不与对手谈判了。但这种情况是少见的,一般我们面对谈判对手,最常用的是对抗战略与对话战略。我们在谈判中如何选择、如何运用这两个战略,也是有方法可依循的。

之前我提到一个战略选择的理想模型,即判断谈判当中,"东西"重要还是"关系"重要。如果在谈判中只有"东西"重要的话,你就必须选择对抗战略或是对话战略;如果"东西"和"关系"都重要,你就必须选择对话战略。尽管这个理想模型是许多谈判专家建议的，但在实际谈判中，却不一定能这么容易使用。因为在真正的谈判中，会牵涉到许多复杂的因素，比如你不一定知道谈判对手是否重视双方的关系，不知道对方会选择对抗还是对话，所以就很难选择自己到底采取哪一种战略。

在谈判中，我们可以将对抗视为一种小人的战略，即**狼的战略**；将对话视为一种君子的战略，即**羊的战略**。因为你并不知道对方是狼还是羊，所以自己的选择也会很困难。如果对方是匹狼，结果你选择做羊，相当于把自己直接送进狼口之中了；如果对方是只羊，你却做了狼，那就失去了和平相处、共享辽阔草原的机会。

为了解决选择做狼还是做羊的难题，我们先来看一个有趣的例子。

在电影《关云长》中，普静和尚在关云长死后说了这样一段话："'**義**'字上羊下我，意思是一个和羊一样善良的我。关将军的义不只是道义，更是慈悲。"而曹操却反驳道："那是可悲！什么慈悲啊！他本是一匹狼，却天生一副羊的心肠，而这个天下是狼的天下！"

这段对白正反映出在今天的社会里，许多人对于对话和对抗的一种态度。许多人都会认同曹操说的那句话，认为现在的社会就是一个狼的天下，如果你天生一副羊的心肠，就会脑袋落地，就会可悲。但反观普静和尚讲的这个"**義**"字，也是有一定道理的。因为在对话策略中，确实不能只顾自己，而要去关心对方的需求，关心对方的利益。

狼与羊的比喻也常常被用到商业战场之中,许多企业强调"狼性文化",认为人只有具备狼性,才能在商界存活。所谓狼性,可以用四个字来定义——**"争野霸残"**。

1. 争,即竞争的"争",是对现状不知足,想要得到更多;

2. 野,即不臣服于规则,是不愿意被规则局限,想跳脱出规则;

3. 霸,即自己想要得到的比别人多得多,却让别人得不到;

4. 残,即伤害人、威胁人,要狠时既不迟疑,也不眨眼。

所以如果你想要成为一匹争野霸残的狼,你就要有尖牙、有利爪、有力量。而羊性正与狼性截然相反。

羊是不争的,是知足的、安定的;

羊是不野的,是温驯的、遵照规则的;

羊是不霸的,它不希望让别人得不到;

羊也不是残忍的,而是温和的,希望与别人共享。

在谈判桌上,许多谈判者都是具有狼性的人,如果你把温驯的羊与争野霸残的狼放在一起,狼势必会将羊消灭掉。所以谈判中,大家都不愿意做羊,于是就变成了"狼对狼"的谈判,这正是谈判中经常会演变成的结果。

在"狼对狼"的谈判中,许多狼会先下手为强,趁对面的狼还没准备好就出击;还有许多狼会披上羊的外衣,故意误导对方,之后再趁机将对方一口吞了。

所以,在面对这种"狼对狼"的谈判时,谁更狠一点,谁实力更强一点,谁力量更大一点,谁就会获胜。但"狼和狼"的谈判很难做到双方都毫发无损,有时候甚至会落入到两败俱伤的境地。

因此,许多谈判高手为了避免这种"狼对狼"的对抗性谈判可能带来的风险,就会努力地去促成"羊对羊"的对话性谈判。双方共享辽阔草原,大家都有草吃,远远要比彼此伤害或两败俱伤要好得多。

但即使做羊,在谈判中还是得具备一些狼性。即使你不像狼一样凶残,不像狼一样独霸,但仍要具有一点野性,在思想上跳出旧有的框架,发挥出创意,从而去争取自己的利益。如果对方是一匹狼,你也要学会如何应对对方的凶残与独霸,掌握一些对抗原则及对抗技巧,在必要时候不会害怕,能够勇敢地反击对方,做一只有角的羊。同时,你也得做一个有脑的羊,在谈判中要观察对方的动作,他如果有任何狼的反应,就要做好自我保护并且采取有效的回应。此外,你也要做一个有心的羊,不只关心自己,也要关心对方。

在实际的谈判中,谈判者的羊性和狼性又会与一些具体的谈判

行为相关。具体而言:

首先,羊性的对话性谈判要考量双方的目标;而狼性的对抗性谈判只会考虑自己的目标。

其次,羊性的谈判会为双方做出更多的价值创造,帮助双方获取更多的利益;而狼性的谈判,则会用小小的利益去引诱或是威胁对方。

再者,羊性的谈判会涉及多重提案,而狼性的谈判只有单一提案。

简而言之,**创造利益就是羊性,威胁利诱就是狼性**。

在了解羊性谈判和狼性谈判各自的特点之后,如果可以考量双方的目标,扩大双方的利益,并且能够保持提案的弹性,就会令双方的谈判充满更多的羊性。反之,如果你在谈判中不断地采取狼性的行为,就会更容易引发狼与狼的对抗。

总之,在任何谈判中,都必须遵守两个关键的原则:

1. 如果对方是狼,你就做狼或有角的羊,勇敢地与之对抗。
2. 如果不确定对方是狼是羊,你就做羊,先向对方展现出善意。

但需要注意,如果你选择做羊,那么一定要保持灵活的头脑,一旦发现对方是披着羊皮的狼,就要与之对抗。在对抗时,仍需尽力向对方传达出自己希望以对话的方式达成协议,愿意促成羊性谈判,共享辽阔草原。

29 突破"囚徒困境"
提升双方的合作意愿

在谈判中,对抗即是竞争,对话即是合作。为了创造最大的利益,双方更应努力地去减少对抗和竞争,促进对话与合作。如果双方都选择对抗,很容易造成"零和博弈",甚至是"负和博弈";但如果双方都选择对话,就会形成"正和博弈",双方都会在谈判中获得利益。

按照上述说法,无论是参加国际谈判、企业谈判,还是人际谈判,是不是大家都应该选择用对话的方式,而非对抗的方式?但实际的谈判并没有这么简单。即使我们原本想采取对话的策略,但仍会担心对方与我们对抗,如果对话碰上对抗,就相当于羊遇上狼,结果可想而知。所以为了保险起见,许多人都会采取对抗的策略。

为什么理性的人也无法回避这一宿命,最终一定走向对抗呢?研究博弈理论的学者们给出了这样的解释——**"囚徒困境"**。

"囚徒困境"与一个故事有关。

故事说的是有两个被警方逮捕的嫌犯被分开侦讯,此时二人都可以选择招供或不招供,那么就会出现三种情况:

1. 如果二人都选择不招供,警方会因为缺乏证据轻判两个人,各有期徒刑半年,这个显然是对于二人最好的结果。

2. 如果两个人都选择招供,就会各判刑五年,而这也是最糟的结果。

3. 如果一个招供,另外一个不招供,那么招供的人就会成为污点证人,无罪释放,而不招的人就会被重罚判刑十年,这个结果对招供的人来说最好不过,但对于不招供的人不亚于灭顶之灾。

试想如果你是其中一位嫌犯,你会如何选择呢?

你当然希望对方能和自己合作,双方都不招供,得到最好的结果。但对方是否会与你合作是难以确定的,最怕的结果是:你决定与他合作,自己没招,结果对方却招供了,最后这十年的牢由你来坐。

所以,如果通过理性的判断,这时候你很可能会招供,而对方出于同样的考虑也会选择招供,各得到被判刑五年的结果。

这就是所谓的"囚徒困境",明明知道双方一起招供是对双方都不利的,但双方还是经过理性的抉择走上这条路。

在这场博弈中,我们可能会这样思考:不管对方怎么选,如果自己选择招供,就会被判刑五年或是无罪释放;如果自己不招供,就会被判刑十年。显然,自己被判刑十年的结果是比五年还要糟糕的,所以为了避免那个对自己最差的结果,自己当然会选择招供。选择招供就是自己最理性的选择,博弈专家将之称为**"我的优势策略"**。

如果对方知道了"我的优势策略",他就知道我方一定会招供。而对方回应"我的优势策略"的最佳方式也是招供,对方会想:"如果我不招供,我就会被关十年;如果我招供,就会被关五年。"所以双方必然最后都会选择招供。

"囚徒困境"的故事其实传达出这样一个道理:**我们经常会在盘算自己的利益之后,为了私利而最后不选择合作**。明明知道合作对双方最好,但是为了私利,为了保护自己,我们反而制造了一种不合作的选择。

所以,无论在谈判中,还是在企业的联盟关系中,以及在平常的关系中,我们一定要去设法突破这个无所不在的"囚徒困境"。

其实"囚徒困境"起初是设定了前提的:两个嫌犯是被隔离询问的。这就制造了双方合作的难度。如果这两个嫌犯能够相互沟通,他们的处理方式就会不一样了,合作的机会也会大大提高。

或者如果两位嫌犯能够事前沟通,双方就可以约定好:"你不要招供哦!我也不会招供!"甚至一方还可以威胁对方:"如果你敢招供的话,你在出狱后会遭到严厉的报复。"这样也可以达成合作。如果两位嫌犯不止能够事前沟通,还有过去合作的经验,类似于一般人们所说的"革命情感",那双方彼此背叛的可能性就会更低了。

此外,更厉害的招数是:如果两位嫌犯同属于一个组织,组织里还有其他人可以严惩不合作的背叛者,那双方彼此背叛的可能就会继续降低。上述这些情景,都为我们提供了可以突破"囚徒困境"的途径。

具体而言,可以尝试以下五种方法来增加双方合作的可能,减少对抗甚至背叛的可能:

1. 维持双方之间的良好关系

如果双方过去合作的记录越多,那么现在与未来合作的可能性也就越高。想要促进双方更好地谈判与沟通,和对方维持好关系是极为必要的,这样有助于双方避免走向"囚徒困境"。

2. 建立起双方之间的承诺,结成同盟

最好用白纸黑字写下双方的承诺,明确一方如果不合作,他就要付出何种代价。这样会有助于促成双方之间的合作。

3. 通过第三方增加彼此之间的信赖

在谈判中,经常会遇到双方信任度不够的情况,此时你需要更多地去与对方沟通,更透明地让对方知道自己想要达成合作的意愿,也可以找到一个双方共同信任的第三方,来作为双方的信誉担保。

4.明确合作的好处以及背叛的代价

具体而言,你要明确告知对方与你合作会得到的好处,不与你合作会带来的严重后果。

5.引入他人的力量来惩罚背叛者

具体而言,可利用双方同属的组织或单位,来惩罚或打击背叛者,从而减少双方背叛的动机。比如尽管拉帮结伙的犯罪帮派的很多行为是并不可取的,但同帮派的人是不会轻易背叛彼此的,因为一旦背叛,就会付出巨大的代价。

简而言之,打破"囚徒困境"的方法是:要么维持关系,要么建立关系,要么取得信任,要么反击背叛,要么引入他人的力量来惩罚背叛者。如果能够做到这五点,就能够促进双方的对话与合作。

总之,在任何的谈判中,我们都能通过更多的信任、更多的沟通、更多的关系来使双方的合作更容易达成,从而避免"囚徒困境"双双受害的结果。

30 阿瑟洛德法
在多回合博弈中达成合作

从博弈理论的角度来看,上一节的"囚徒困境"其实是一种"一次性博弈"。两个嫌犯分别被同时侦讯,彼此不知道对方的选择,双方只能选择一次招供还是不招供。但在实际的谈判中,这种一次性的博弈是很少见的。一般的谈判通常不是只有一次谈判就结束了,往往是**"多回合博弈"**,而且一方可以等待对方出牌后,再决定自己出哪一张牌,并非必须在同一时间做决定的"同时博弈"。

为了解决"多回合博弈"中选择对抗还是对话的问题,美国密西根大学资深政治学者阿瑟洛德,曾在其出版的书籍《合作的演化》中提出了一套方法,称为**"阿瑟洛德法"**。该方法提出了在一个"多回合博弈"中,面对不同的情况,应该采取的四种不同的应对原则。

一、友善原则

在"多回合博弈"中,先出牌的一方就算不确定对方的出牌,也应该首先展现出合作或对话的态度,即遵循所谓的**"友善原则"**。

比如,你不知道对方要做狼还是做羊,但你可以先做羊,展现出自己的友善。根据阿瑟洛德教授的说法,友善是可以带来合作的。如果对方也用友善来回应你,双方采取对话的态度,这当然是最理想的结局了。你可以通过关心双方的目标,为双方创造利益,展现自己对解决方案的弹性,来向对方传达出对话合作的态度。

假设两国正针对某个领土争议问题进行谈判,如果己方先向对方表明,愿意通过搁置争议来达成双方的合作,对方也选择搁置争议,双方就可以共同分配争议区域里的利益,从而使双方获利。

二、报复原则

在"多回合博弈"中,如果对方采取对抗,己方必然立即对抗。你必须让对方知道:他要为自己的对抗付出代价。简单来说,就是你对抗,我就对抗;你继续对抗,我就继续对抗;你加强对抗,我就加强对抗,即所谓的**"报复原则"**。

继续以上文两国的领土争议为例,如果双方明明事先说好要搁置领土争议,结果对方却率先转为对抗,去宣示领土或是占有领土,此时己方就要坚决地采取对抗,捍卫自己国家的国土利益。

三、宽恕原则

在谈判中,对抗下去显然对双方都是不利的,此时就有了双方重回合作路线的可能。如果对方回到了合作的路线,这时你也必须立刻重返合作。阿瑟洛德教授将之称为"**宽恕原则**"。

如果在对方重新选择对话或合作时,你不宽恕,选择继续对抗,双方未来达成合作的机会就更渺茫了。因为对抗会引起更多的对抗。在一个长期进行的"多回合博弈"中,就算对方再次离开合作路线,这时候你也需要同样以报复的原则"还治其人之身"。只有这样,才会让对方意识到,唯有合作才会带来真正的利益。

四、不眼红原则

在"多回合博弈"中,还会出现这种情况,对方在之前的对抗中占了点便宜,但为了促进合作,只要对方重新回到合作路线,你是不应该过度计较的。阿瑟洛德教授将之称为"**不眼红原则**"。

如果你时刻都想着要讨回过去吃的亏,就很有可能再次采取对抗的路线,那么合作的可能性又会降低了。

"阿瑟洛德法"不仅适用于国际谈判,也同样适用于企业谈判或人际谈判。

以父母管教子女为例,由于现在的孩子在家庭、学校等各种环境里自由度都比父母这一代要高多了,所以父母管教孩子时,更应该遵循"友善原则",以尊重和友善的态度与孩子沟通。如果孩子也能以友善的态度来回应,就最好不过了。但在人际沟通里,即使自己使用了对抗方法,也必须不断地告诉对方:"我不愿意用这种对抗的方法,我们之间沟通的门始终是敞开的,只要态度好一些,我也会同样对你友善!"这就运用到了阿瑟洛德教授所提出的"宽恕原则",希望以宽恕来召唤出合作。

在国际谈判中,很多国家会和其他国家采取相互尊重、和平共处的基本态度,以建立平等互惠的关系,这也是"友善原则"的运用,但也需要发展足够的实力,并让对方知道,一旦对方采取不尊重、不友善甚至敌对侵犯的举动,我方也会为了维护尊严做出必要回应。但谈判的门始终是打开的,我们欢迎对手展现善意回到沟通对话的路线来,我们也能心怀善意,不计前嫌。因此,"阿瑟洛德法"也为国际外交中"恩"与"威"的拿捏提供了很好的建议。

综上,阿瑟洛德教授提出了"多回合博弈"中的四个重要原则:

一是要率先展现合作态度的友善原则;

二是在对方对抗时,我们要采取报复原则;

三是在对方重回合作路线时，我们要采取宽恕原则；

四是尽管我们在对抗中吃了点亏，为了合作就要采取不眼红原则。

如果你能学会这四个原则，就可以在多回合谈判中建立起更多的合作关系，以减少双方的对抗和内耗。

31 信任关系 1
发挥承诺的最大效力

谈判往往是发生在现在的,但现在的谈判也可能与过去的谈判相关,比如有人偶尔会说:"跟我谈判时别翻旧账。"这个"旧账"就很可能影响到现在的谈判。同样,现在的谈判也可能受到未来的影响,而承诺就是一个跟未来有关的东西。

谈判可以被视为一种口语的互动,一方提出要求后,另一方就会做出某种回应——同意、部分同意或拒绝。如果我们在谈判中遭到对方的拒绝,就会想给对方施加一点压力,可以将某种对方不想要的东西硬塞给对方,作为一种威胁的手段;还有以自己离开谈判来作为威胁;另有一种最极端的威胁——最后通牒,即最后再给对方一次机会,如果对方不同意自己的要求,就要给对方施加压力。

在谈判中，大部分的人所做出的给予、让步、威胁甚至离开，其实都是一种对于未来的承诺，是很少能够当下就发生的。要使当下的给予、让步、威胁以及离开对谈判奏效，就必须让对方去相信你的口头承诺。如果对方认为你的承诺不可靠，那么你所说的话与做出的行为都无法对谈判产生影响。

在谈判战术中，一些人在采取威胁或下最后通牒的行为时，很可能只是在装狠，迫使对方就范，如果遇到对方坚决不退让，他们也不敢真的落实伤害，不敢真的离开，久而久之，就不会取得别人的信任了。所以，要发挥未来承诺的最大效力，就必须让对方相信自己说到做到。

要做到让别人相信自己，就会牵涉两个因素：一是信任，二是信誉。

两者听起来相近，却有实质上的不同。信任即对方相信你有能力、有意愿去兑现你所做的承诺。信誉则相当于社会上许多人的信任的总和。如果你能得到对方的信任，或者具有社会上的信誉与公信力，那么在谈判中，你所做出的诸如给予、让步、威胁或离开，才会真正发挥效力。如果对方压根不信任你或认为你缺乏信誉，那你所做的承诺不过只是毫无价值的空话而已。

那么要如何建立起别人对自己的信任与个人的信誉？

信任和信誉是与你过去的历史息息相关的。如果你过去经常实现承诺，说话算话，对方自然就会信任你。假设有人告诉你，如果你不听他的,他就会切掉自己的一根手指。试想,此时你会相信一个十根手指完好无损的人,还是相信一个缺了一两根手指的人?尽管例子听起来有些极端,但蕴含的道理却是相通的。如果你没有历史,也没有累积起足够的信誉或公信力,就要积极地去增进双方之间的信任。

增进信任的方法有如下两类:

一、来自东西的信任

这类方法即利用某种东西来证明自己之前真的做过承诺,如果不实现承诺,自己也会受到某种惩罚,有四种具体的办法来实现:

1. 书写

把承诺写下来,白纸黑字加上签名盖章,避免口说无凭。有了字据上的承诺记录,便很难否认了。一旦你背弃承诺,这张字据就可以损害你的信誉。除了白纸黑字,还可以把承诺写在可以保存得更久的东西上。比如类似情侣间的信物,在某一块玉上面刻上字,分成两半,一人保留一半。又如《神雕侠侣》中,小龙女在绝情谷的山壁上面写下"16年后再次重会,夫妻情深,勿失信约",这样的效果显然比白纸黑字更为厉害了。这些都是双方强化承诺的例子。在谈判中,双方签署某种合同、文件或是谅解备忘录都是出于这样的目的。

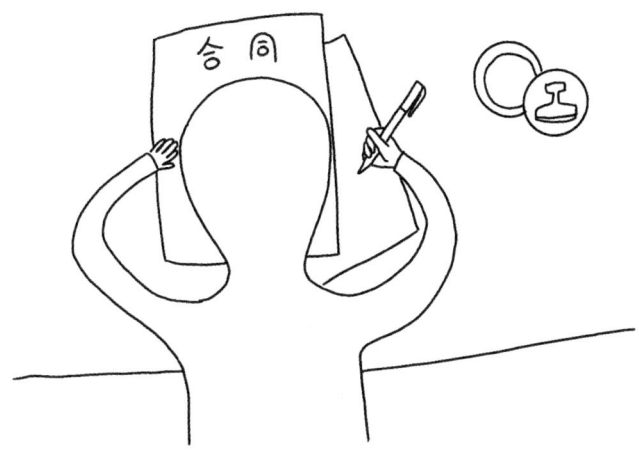

2. 处罚

指一方未履行承诺就会被处罚。比如在一般的债务关系中,通常会约定如果对方没有履行承诺,就可以将抵押品没收,如果抵押品的价值高于借贷总额,那么信任度也就会更高。所以要注意,谈判中签订的合同,不仅须写清楚双方要完成的承诺,更要将处罚措施及落实方法写清楚。如果处罚的落实方法不够可靠,那么这个合同就会变得毫无用处了。

3. 公开

公开即让许多人都知道你做了这个承诺。好比你爱某个人,私下对他表白是一种承诺,如果公开在几万人面前向他表白,此时的承诺效力当然比私下的承诺要大得多。正如美国人在篮球场、棒球场求婚十分流行,如果能在众人面前立下海誓山盟,这个承诺的效力自然就高出许多了。运用到谈判中,如果举办一场盛大的签约典礼,对媒体公开,对社会公开,自然可以强化双方承诺的可信度。比如台湾地区有些"政府机构"经常会举办动土典礼,就是对老百姓的公开承诺,这里要做怎样的规划和建设,会在什么时间建成。

4. 断后

如果承诺最后没有做到,就没有任何退路了。比如你去面试某所学校的EMBA(高级管理人员工商管理硕士),主考官问你:"请问你有没有报考其他的大学呢?"如果你回答"我只报考了三所学校,前两所都被录取了,不过因为我一心想进的是贵校,所以我已经放弃另两所学校入学的权利了,因为我只想进这所学校",那这所学校会录取你吗?如果我是主考官,非常有可能会录取你的。因为如果你说的都是真的,相当于以一个断后的方法做出了坚定的承诺。其实这跟项羽"破釜沉舟"的故事异曲同工,锅子砸了,渡江的船也沉没了,如果攻不下前面的这座城池,将士们也回不去了。

书写、处罚、公开、断后都是达成信任的具体方法,都依赖于某种东西,如果背弃承诺,就会失去这些或者更多的东西。

二、来自关系的信任

另一个建立信任的方法,被称为来自关系的信任。

如果你与某个人具有长期的互动经验,也彼此深入了解,而且你们的关系在未来还会继续密切互动,那么他对你的承诺多半是可行的。因为一旦他背弃承诺,就会导致双方的关系破裂,后果十分严重。越是关系密切、彼此信赖的人,背弃承诺后越是需要付出更沉重的代价,所以关系的信任是十分有用的。需要提醒的是,如果一个人与你的互动经验不多,了解也不是很深,且未来未必会密切互动,此时,这个人所做的承诺就不能轻易地相信了。

由此可知履行并实现承诺是十分重要的,它不仅可以帮你建立起信任,也可以帮你积累信誉。如果现在你的信任和信誉不够,就要去积极地增进信任,包括利用书写、惩罚、公开、断后等方式加强承诺的信服力,或是多与对方互动,多去相互了解,而且建立起未来持续互动的可能,来使自己在谈判中所做的承诺具有更高的价值。

32 信任关系 2
让信任更有分量

在谈判中,特别是在和长期的商业伙伴或家人朋友的谈判中,我们希望拥有更多的对话和更多的合作。想要促进双方的对话和合作,除了之前提到过的方法之外,还有一个办法,即**建立双方之间的信任关系**。因为信任会带来更多的对话,而更多的对话又会强化信任关系。

在之前的章节中,提到谈判中的信任一般分为两类,一类是来自东西的信任,一类是来自关系的信任。如果是来自东西的信任,一旦一方失信,他就会失去某些东西;如果是来自关系的信任,一旦一方失信,将会伤害双方的关系,从而约束了双方不敢轻易失信于对方。

信任可以视为能否促进双方对话与合作的最为重要的因素，所以本节将会更深地介绍什么是信任，以及如何强化双方在谈判中，特别是对话中的相互信任。

我们可以通过汉语里"信任"二字的写法，来找到增加双方之间的信任的方法。

首先来看信任中的**"信"**字：人言为"信"，即人要说话算话，必须让对方相信自己说的话是有分量的。

那如何让对方相信你所说的话是有分量的呢？

1. 相信自己所说的话是正确的，并及时更正错误

具体而言，必须确保自己所说的每一句话都是自己所相信的，当然你所相信的并不一定就是正确的，如果你发现自己原来所说的话是错误的，就一定要诚实面对，立刻更正原来的话并且郑重道歉。这些举动都可以让对方相信你所说的话是有分量的。

比如，你是某个行业的专家，你所说的话自然就会更有分量，因为你的专业能力与专业形象都会促使你说真话，更容易让对方相信。

2. 以坦诚和透明的态度建立起双方之间的信任

"人言"可以增进对方的信任，而它的对立面"不言"，则有可能伤害对方的信任。比如，你该说的话却没说，该分享的事情却不分享，该透明的信息却不透明，很可能就会伤害双方之间的信任。所以，坦诚和透明的沟通是建立信任的重要基础。

3.以循序渐进的方式积累双方之间的信任

当然这并不意味着你什么都要告诉对方,把所有心里所想的都与对方和盘托出。因为信任不是单方的事情,如果只有你开诚布公,对方却不开诚布公,那对自身来说会造成巨大的损失,所以自然就不能什么事都和对方说。信任都是慢慢积累起来的,双方之间的信息和事实的分享,必须在彼此循序渐进的原则下进行。

4.利用承诺也能增加对方对于自己的信任

谈判里的承诺涉及方方面面,小的承诺如守时,大的承诺如按时付款,都必须尽力做到。无法做到就要立即告知对方,向对方致歉,解释清楚承诺无法兑现的原因;并且积极寻找可替换的方案,在后续的时间中,尽全力去实现这个承诺。尤其是一些小承诺,更要去尽力遵守,否则连小的承诺都无法确保,那又如何叫人愿意相信大的承诺呢?

再来看信任中的"**任**"字:人壬为"任",壬代表扁担,即一个人挑着扁担。如果换成更符合现代人的比喻,就好比一个人带着一个随身的背包。但背包的容量是有限的,所以只有最有分量的东西才可以放进这个背包。

所以,信任的第二个条件是,必须让对方觉得自己在你的心中是有分量的,你会关心他的利益、关注他的未来。如果你在谈判中可以告诉对方,你很关心对方能得到什么价值,你能帮助对方创造什么利益,对方自然就会觉得你是可靠可信的。

那如何让对方感觉到自己在你心目中的分量呢?

1.让对方相信你们既有共同目标又相互依赖

共同目标越多、相互依赖的程度越高,你们之间合作的可能性就越大,相互信任的程度也会越高。简而言之,就是传达给对方,你们很相似的信息,包括强调双方的背景一致;强调双方拥有许多共同的特质,对很多事情的看法也是一致的(即心理一致);强调双方拥有要共同防范或共同打击的对象(即对抗者一致)。背景一致、心理一致、对抗者一致就代表你们很相似,当你们很相似的时候,相互间的信赖感就会提高了。

2.以包容的态度,让对方相信双方的合作是长期的

让对方相信你们之间的关系是长期的,利益是重大的,双方不需要计较短期的小利。比如,你在谈判中告诉对方:"你看,你还没有让步,我先让步了!"从而表达出自己是愿意率先让步的,也不在乎对方是否回应自己的让步。因为双方的关系是长期的,利益是重大的,所以自己是不会介意先做让步的。在这一过程中,你就展现出了包容的态度,这也是一种增进信任的方法。

3.展现出自己的能力,打消对方对于合作的疑虑

如果你遇到这样一种状况——对方有一些担心,不能完全相信你,此时,你可以告诉他:"你的担心我知道,我会防范你所担心的事情发生。"需要注意的是,在表达出照顾对方利益的意愿的同时,也要具备照顾对方利益的能力,即你的硬实力。在谈判中,通常实力

越强、掌握资源越多的人,越容易被对方信任。

至此,可以总结出增加双方信任的 12 字口诀:**很相似,能包容,别担心,有能力**。

在谈判中,我们也会遇到这种情况,双方之间的信任不够,却没有足够的时间去建立信任。此时,就要借助一些外力来增进双方的信任了。比如可以寻找双方共同信任的第三方来做个担保,从而取得间接的信任。甚至双方可以签订一个合约,并纳入第三方,当一方违约时,就可以按照合约的规定去找第三方帮助自己讨回公道。所以,当双方之间信任不足时,通过第三方来担保信任也不失为一种方法。

实际上,"信"和"任"这两个字本身就蕴含着建立信任最关键的两项原则:一是让你的话有分量;二是让对方感觉他在你心中有分量。

而这两个"分量"都要靠时间去慢慢建立,也要双方同时去维护这种信任,才能最终促成对话与合作。

建立信任最关键的是:既要让你的话有分量,也要让对方感觉他在你心中有分量。

33 A to H 模型
改善沟通效果

在谈判中,除了要和对方建立起信任关系,营造出对话的氛围,也要懂得通过沟通来维系双方之间良好互动的关系。因为好的沟通和好的关系,通常能让双方的谈判维持在合作的调子上。

要想在最短的时间内掌握沟通最核心的技巧,就一定要学会两种沟通模型——"A to H 模型"和"EAR 模型"。

本节先来介绍"A to H 模型"——即用 26 个英文字母中的前 8 个字母"ABCDEFGH",来代表沟通中需要考虑到的 8 个要素。

"A"和"B"代表参加沟通的双方,"A"一般代表己方,"B"一般代表对方。

"C"代表"channel",即一般所说的渠道,把沟通双方 A 和 B 连接起来。

"D"代表"data",即信息,如沟通的资料、沟通的重点以及沟通的信息。

"E"代表"EQ",即情绪,指在沟通中,与情商、情绪相关的信息。

"F"代表"face",即面子,如沟通双方的身份、形象与地位。

"G"代表"goal",即通过沟通所要达成的目标。

"H"代表"harmony",即谈判双方的关系是和谐的。

首先来看前两个沟通要素:"A"和"B"——参加沟通的双方。

沟通通常发生在两个背景不同、心思不同的人之间,这也是沟通中的基本常态。

因此,改善沟通的第一条途径,就必须从 A 和 B 这两个沟通要素来着手。在沟通之前,如果你能够考虑到对方的背景,能够去考量对方的心思,能够站在对方的角度看问题,就会减少许多的误会与分歧。这也体现出一个非常简单的沟通原则——**"人同此心"**。

具体而言,无论在任何的沟通和谈判中,如果你告诉对方"我跟你有过一样的背景,我曾经和你做过一样的工作,我和你面对过一样的困难",一定程度上,可以拉近双方之间的距离。如果你能把对方心里的想法说出来,把对方心里的担忧说出来,并且照顾到对方的想法和担忧,就是做到了"人同此心"。比如,一位领导在与下属谈话时,告诉下属:"我也做过这个岗位,知道你面对的事有多么困难。"这样下属的抵触情绪就会减少,两人的谈话也就更加容易。

第三个沟通要素:"C"——"channel",即沟通渠道。

此外,C 也代表"cable",即将 A 与 B 串联起来的线,与渠道"channel"是同一个意思。因为沟通都是通过渠道来发生的,所以双方要想达成沟通,就一定得有沟通渠道来交换双方的信息,而且这个渠道要让双方感觉到安全、不会被干扰。

比如,现在许多家长都很难找到与孩子沟通的机会,会选择吃饭的时候或是开车送孩子上学的时候来沟通。但你要询问自己,这两个沟通环境是否有利于沟通?是否能够充分地交换信息?会不会被干扰?实际上,吃饭的时候并没充分的时间可以用来说话,开车送孩子上学的时候,又会存在太多的干扰因素。

因此,改善沟通的第二条途径,就是设法在双方之间建立一个良好的沟通渠道。如果双方之间缺乏好的渠道,也可以通过中间人牵线搭桥的方式,来帮助双方创造出沟通的机会。

比如,一位领导平常极少有与基层连线的机会,一旦有机会能够与基层深入谈话,就要尽量创造出一种沟通的环境来分享内心的想法。但需要注意的是,好的沟通渠道与好的连线,必须是双向的,而不是单向的。如果领导好不容易有了与基层沟通的机会,结果

80%的时间甚至100%的时间都是领导自己在说话,那么即使再好的渠道也会被浪费。

第四个沟通要素:"D"——"data",即沟通的信息。

许多人会认为,双方之所以要沟通,就是为了获得"D",比如要告诉对方一个消息,要与对方分享一个资料,要与对方强调一个重点。

但很多人都在"D"上遇到这样的问题:要么信息太多,要么信息太少。你传递给对方的信息过多,会超出对方所能接受的程度;而信息太少,有可能让对方不知所云,反而会影响沟通的效果。

第五个沟通要素:"E"——"EQ",即沟通中的情商与情绪。

沟通的重点经常不在于传递信息,而是要传达某种情绪。但有的时候,你与对方分享的情绪,很可能不是真的情绪。一旦真的情绪没有得到分享,就没法获得对方的理解,以至于资料、信息、重点对方都有可能听不进去,就会很难合作了。

因此,在谈判中一定要处理好情绪"E"的问题,双方必须要分享真实的情绪。尤其要注意,不要将沟通中的担忧情绪转变为生气的情绪,明明是担忧,却表达出了生气甚至是愤怒。

比如,丈夫与妻子约好了时间,丈夫却没有在约定的时间出现,手机也无法接通,直到半个小时后才出现。此时忧心如焚的妻子就会说:"你去哪里了?你来不了要提早告诉我啊,让我等得好担心。"甚至还会说:"我生气了!我都快要报警了,我还以为你在哪被车撞了!"尽管妻子会说出一些难听的话,但其实真正的情绪是担忧。只有将真实的担忧情绪表达出来,才能够让对方去理解,双方才有可能继续沟通下去。如果只是把担忧的情绪藏在心里,却嘴上用愤怒来攻击对方,就难以继续对话和沟通了。

第六个沟通要素:"F"——"face",即沟通双方的面子。

除了信息"D"与情绪"E",形象"F"也会影响到沟通的效果。最糟糕的情况是,在与别人的沟通中感觉到自己被否定了。因为被尊重是人最基本的面子需求,没有人会喜欢被人命令、被人指挥、被人嫌弃。有时双方的沟通问题恰恰发生在这个"F"上,可能只是因为自己无意间的一句话把对方贬低了,把对方否定了,对方感觉不舒服,所以采取抵抗甚至是反击的方式,来维护自己的自尊。

因此,在沟通中,一定要尽可能多地给予对方肯定。比如告诉对方:"你是优秀的!你是有智慧的!你是细心的!",等等。千万不要说"你是不专业的,你这个人怎么连这个都没想到?"类似这种指责对方的话。如果真遇上问题,也要"对事不对人",转移到问题的本身来讨论,千万不要变成对对方整个人的否定。

总之，在沟通中，你一定要做到：**分享信息时要掌握重点，分享情绪时要表达真实，面对沟通对象要不断给予对方肯定**。如果能做好这三件事，那么双方的沟通效果就会得到明显的改善。

但如果你所面对的沟通对象不太会掌握重点，不太能分享真实情绪，或不太懂得给予别人肯定，此时你仍然可以靠单方的努力来改善沟通，但这就要加倍发挥自己的沟通能力，让耳朵变成一台翻译机。尽管对方没讲重点，你也要尽力去抓住他的重点；尽管对方没有表达出真实的情绪，你也要尽力去感受到他真实的情绪；尽管对方在言语上伤害了你，你也要能够听出言语背后对你的需要和关心。这样做唯一的问题是，如果总是自己在单方面努力，难免会产生不公平的感觉，这就会对双方的关系产生不利。

第七个沟通要素："G"——"goal"，即目标。

此外，"G"也可以代表"go"，即前进。在谈判中，可以把"G"视为你想要拿到的东西，以及想要达成的结果。

第八个沟通要素："H"——"harmony"，即双方的关系是和谐的。

此外，"H"也可以代表"happiness"，即双方的关系是愉快的。因为只有沟通双方感到和谐或快乐，才能让彼此的关系维持在高度正能量的状态里。

沟通要素之间也是环环相扣的。只有做好前面的"E"(情绪)与"F"(面子),才能让对方接受你的"G"(目标);只有让对方信服你,让对方尊重你,对方才有可能满足你的需求,双方才能建立起"H"(和谐或愉快的关系)。否则,你只能靠另外一个"H"("harm",即伤害或威胁),来让对方达成你的"G"(目标)了,而谈判就会从对话变成对抗了。

所以,只要掌握好八大谈判要素,你就能更好地与谈判对象进行沟通,并改善关系,谈判也就更容易以合作、对话的形式进行。

34 EAR 模型
强化合作关系

除了"A to H 模型",还有一个重要的沟通模型——"EAR 模型"。

"ear"在英语中是"耳朵"的意思。在沟通中,许多问题都是出在人们"忘记了耳朵"——忘记了倾听上。如果不去倾听对方,就会很难沟通;但如果只是有耳无心,也是做不好沟通的。因为"听"的繁体字"聽",左边有个耳朵,右边横放着的"眼睛"下面还有个"心",所以用耳朵、用眼睛、用心的倾听,才是真正有效的倾听。耳朵虽然是关键,但也需要彼此间的分享才能有效沟通。如果只是倾听对方,而不将自己的需要、担忧说出来,那么仍旧不能完成沟通。

"EAR 模型"对应着沟通的三个层次：

E 是英文"empathy"的缩写，对应沟通的第一个层次——同理心或换位思考，即"通"的层次。在 EAR 模型中，沟通的第一步就是理解，而理解也是最核心的一项沟通技能。

A 是英文"accommodation"的缩写，对应沟通的第二个层次——调和。具体而言，调和就是让双方从不一样的人变成一样的人，让双方产生相同的感觉，即"同"的层次。在 EAR 模型中，沟通的第二步就是调和双方的不同。

R 是英文"rapport"的缩写，对应沟通的第三个层次——交融。所谓交融，即谈判双方融合在一块，共同谋利，即"统"的层次。在 EAR 模型中，沟通的第三步就是双方相互交融，达成统一。

如果你做好了"EAR 模型"中的这三个层次，双方能"通"、能"同"、能"统"，那么就为双方之间的有效沟通打下了稳固的基础。

那如何能够做到"EAR 模型"中的理解、调和、交融？

一、"empathy"——理解

要让谈判双方相互理解，做到真正的心灵相通，有两个技巧：

1. "explore"，即探索的技巧

意思是要理解对方，就必须探索到对方真正的想法。有时候对方会主动表达出自己的想法，但如果他没有表达出来，你就要主动去询问，比如可以问他："你过去解决问题的方案是什么？过去这个方案，你有哪些不满意？你为什么现在会和我来谈这件事？"如果你多问一点，就能更容易通过探索去理解对方。

2."envision"，即设想的技巧

在探索到对方的想法之后，就要把自己放在对方的角度去思考，设想对方想法的合理性，即"先探索再设想"。因为理解是双向的，如果你不先设法去理解对方，那对方也就很难来理解你了。

因此，在谈判中，双方都应该多花点时间去探索对方，去设想对方的立场、需要及顾虑，从而做到沟通的第一个层次——理解。

二、"accommodation"——调和

要让谈判双方能够调和，让彼此间拥有一种"我们"的感觉，一样会牵涉两个技巧：

1."accord"，即求同的技巧

意思是寻找到双方之间的共同点，共同点越多，越能让对方感受到谈判双方是休戚与共的共同体。共同点首先包括双方背景之中的相同因素，如文化、种族、家乡、宗教等等，背景的共同点越多，双方的亲近感就会越高；共同点也包括与立场或心理意志相关的词语，如共同的志向、观点、目标、价值观等等，此类的共同点越多，彼此的认同感就会越高。

求同的关键在于"求",如果一时难以找到双方的共同点,可以试着将层次与格局升高一点,扩大范围。比如一个台北人遇到一个高雄人,两人相同吗?当然相同,因为两人都是台湾人。再如一个台北人遇到一个上海人,两人相同吗?当然相同,因为两人都是中国人。又如一个台北人遇到一个纽约人,两人相同吗?当然相同,因为两人都是地球人。把对方当成平等的人,互相就更容易理解,更容易关怀,更容易具有同感。

2."appreciate",即尊异的技巧

无论双方有多少相同点,终究还是会有一些不一样的,所以要在求同的基础上尊异,欣赏对方的不一样,尊重对方的不一样,甚至去向对方学习一些东西。

因此,在谈判中,要先用"求同"拉近双方之间的好感,再用"尊异"的态度去关注对方的不同,甚至可以从对方身上学习到一些受益的东西。当你能够从对方身上学习一些东西时,你的沟通层次又会不一样了,就会达到沟通的第二个层次——调和。

三、"rapport"——交融

谈判的第三个层次是"交融"。在双方求同尊异之后,仍旧是独立的个体,还没有成为一个合作的团队。想要双方合二为一,相互交融,就要遵循两个基本技巧:

1."rely",即依靠的技巧

具体而言,就是双方相互依赖,相互需要,己方的需求要靠对方来满足,对方的需求也要依赖己方来实现。

2."remain",即维系的技巧

一个好的沟通关系不仅靠双方相互依赖,还需要让这种依赖关系一直持续,双方持续地付出,一起展望未来的愿景。如果双方是互相依靠的企业伙伴、战友,就会愿意为对方付出,来让双方有更好的发展。而这种更好的发展,反过来又进一步巩固了双方的关系。

因此,在谈判中,不仅要建立起双方相互依靠的关系,也要对双方的关系做一个长久持续的维护。这样才能进入沟通的第三个层次,真正实现从"通"到"同",再到"统"的突破。

总之,运用EAR模型,做到理解、调和、交融,可以让谈判双方更有效地沟通。具体而言:

1.理解的关键在于探索对方,多问些问题,为对方设身处地地着想。

2.调和的关键在于找到双方的共同点,并在共同点的基础上尊异,欣赏和学习对方的不一样。

3.交融的关键在于建立双方彼此依靠的关系,并努力地维系这种关系。

通过循序渐进的沟通技巧,就可以建立起紧密的关系,从而大大降低谈判中对抗出现的可能性,并提高合作与对话的可能性。

35 对话的战术 1
以利益为中心

在谈判中,东西和关系都是具有价值的,但东西可以用价格来衡量,而关系却是无价的,因此许多人都会把关系看得比东西更重要,也因此沟通和关系才会在对话谈判中如此重要。很多时候,只要双方的关系好,对东西并不会计较太多。

但这种把关系放在东西前面的做法,并不是对话谈判唯一的途径。也有不少谈判专家认为:你可以重视关系、重视双方的友谊,但是没有必要非得放下对于东西的计较。正是因为自己重视与对方的关系,所以更应该去保护对方的东西、捍卫对方的利益。这种以利益为基础的沟通方式,也是一种对话谈判的方式。

在主张以利益为基础的谈判专家中,最著名的是来自哈佛大学的两位谈判专家,一位是罗杰·费希尔,另一位是威廉·尤里。他们曾写过一本书 *Getting To Yes*,几年之后第三位谈判专家布鲁斯·巴顿也加入该书的创作。书名直译过来,即"如何取得同意",也有人直接用《哈佛谈判术》来指代这本书。这三位谈判专家都认为在对话谈判中,是不能忽视利益的。关系虽然重要,东西也一样重要,为关系牺牲东西其实不是好的谈判,反而会为关系带来负面的影响。因此,他们在书中提出了四个以利益为基础的**对话谈判原则**:

第一,把人和事情分开;
第二,重视利益而不是立场;
第三,产生多重的方案;
第四,寻觅客观的标准。

想要促成对话的谈判,除了采取上一节所介绍的沟通方法,建立起双方的关系之外,掌握这四项原则也是非常重要的。很多时候,谈判很可能变成双方立场和立场之间的对抗,这种对抗类似于拔河,双方的立场不同,一方就把另一方拔过来。为了把对方拉过来,你可能会与对方辩论,强调对方的产品或服务的缺点,甚至通过施压来逼对方让步。按照三位谈判专家的观点,这些方式并不能真正帮助你获得东西,反而会伤害双方的关系,谈判是不应该走入立场之争的。但不走入立场之争,并不意味着为了维持双方的关系,而去做出不必要的让步,这样也是对自己不利的。此时,《哈佛谈判术》中的四个重要原则就可以帮助我们解决这一难题。

一、把人和事分开

因为人是情绪动物,喜欢或厌恶的情绪都可能让人做出非理性的决定,伤害到双方的利益。所以在谈判中遇到了问题,首先要分清楚是人的问题,还是事的问题,不能把两者混为一谈,一定要分开处理。如果遇到的是人的问题,就要通过前面章节中所介绍的沟通技巧来妥善处理。

比如,之前的章节中提到过兄弟俩分西瓜的例子,如果哥哥为了想吃大西瓜骂了弟弟:"你这个矮冬瓜!"弟弟为了想吃西瓜骂了哥哥:"你这个大颗呆!(闽南话:你这个大白痴!)"这时,双方互骂的问题就应该跟分西瓜的问题分开,对骂的问题单独处理,而把重点放在如何让兄弟俩都吃到更多的西瓜。这就是"把人和事情分开"的原则。

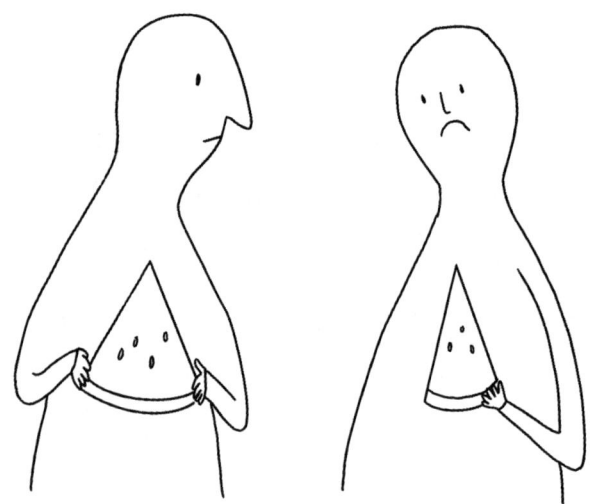

在谈判中遇到了问题,首先要分清楚是人的问题,还是事的问题,不能把两者混为一谈。

二、重视利益而非立场

如果双方都坚持自己的立场,就会陷入立场对立之中。这时要优先处理的并不是双方之间立场的差异,而是要多问一个"why",多问一个为什么。问清楚对方为什么会坚持这样的立场,为了满足什么;也要问清楚自己坚持这个立场想解决什么问题,是否有其他的方法可以解决。如果答案是"有",此时就可以跳出立场,进入到利益讨论的范围。当然有的谈判专家也会建议再多问一个"why not",问清楚对方为什么坚持不同意或是不接受某件事,对方的考量标准是什么。当多问了一个"why"与"why not"之后,你就会更容易找到对方的利益在哪里,而不是只有立场在哪里。

比如前文兄弟俩分西瓜的例子,兄弟俩争抢一定是为了想吃西瓜吗?其实并不一定。有可能兄弟俩不爱吃西瓜,但是上次有一方在某件事情上吃了亏,所以这一次就一定要扳回一局。所以不是他不让,而是他上次要的东西没有要到。例如,他觉得弟弟考高分得到妈妈的赞美比自己得到的多。如果只是讨论分西瓜,就会忽略掉背后真正的问题。所以,关键点在于弄清对方真正的需求,当你发现对方是有别的需求时,就可以用之前所说的"价值创造"来解决这个问题。

在《哈佛谈判术》中,三位谈判专家也提到过一个图书馆开窗的故事。故事说的是,两个人在图书馆吵架,一个要开窗,一个要关窗。这样的情形,绝对是立场与立场之间的对抗了,因为一旦一方开了窗,另一方就不能关了,反之亦然。在这种绝对的立场之争中,一方赢了一分,势必另一方就少了一分,是一种"零和博弈"。如果紧紧抓着窗户是开还是关这个问题不放,很可能会沦为一场毫无意义的消耗战。这时你要问的是:为什么双方一个要开窗,一个要关窗?要开窗的人,觉得室内的空气不好,他想要新鲜空气;而要关窗的人,觉得开了窗怕风进来,把纸张都吹掉了。这样就明确了,一个人是要新鲜空气,另一个是怕有风进来。那么除了开关这扇窗之外,有其他的方法可以解决双方的需求吗?当然有,后来图书馆馆员就到隔壁房间,打开隔壁的窗户,同样让新鲜空气进来了,但风也吹不到要关窗的人,就不会把纸张吹掉了。这就是利用哈佛谈判术的第二项原则:重视利益而非立场。

三、产生多重的方案

在谈判中,满足己方需求或是解决己方问题的单一方案,有时并不能兼顾对方的需求,解决对方的问题。所以在单一方案决定之前,双方最好取得共识,去共同寻找更多的可行方案,尽可能满足双方的需求。哪一个方案满足双方的程度高,双方就愿意接受哪个方案。因为当双方达成寻找方案的共识之后,相当于给对方传达了一个信息:"我是善意的,我不只希望满足我的需要,也希望你的需要得到满足,而且我们双方对彼此是有信心的,一定会找到最适合我们的方案!"

比如,解决之前兄弟俩分西瓜的问题,可以让兄弟俩一个拿大西瓜,另一个拿小西瓜再额外得到一块巧克力;或是让哥哥借给弟弟玩具车玩,来解决弟弟拿小西瓜吃亏的问题……如果继续举例下去,可以列出的方案是非常之多的,方案越多就代表沟通会越有弹性,也就更能提高对话谈判的可能性。所以,相比说服对方接受自己的单一方案,提出多重方案是推动双方对话谈判更有效的方法。

四、寻觅客观标准

无论最后双方会选哪一种方案,双方的公平原则都是不能违背的,并且最好有一套客观的标准来保证双方相对公平。这个客观标准可以是市场价值、专家的评估意见、法律条规或是人们一般的认知。

继续以兄弟俩分西瓜为例,如果哥哥分的是可以多吃一口的大西瓜,弟弟分的是要少吃一口的小西瓜,此时再多给弟弟一颗巧克力,则是相对公平的,因为一口西瓜与一颗巧克力的价值并没有相差太远。但如果给弟弟的不是巧克力,而是一辆模型车,这样就与市场价值相差太多,无法做到相对公平了。所以,我们要以寻找市场里的客观标准,来证明双方之间的交换是相对公平的。

在前面讨论谈判战术时,我们曾提到过西装换内裤这一案例,一套西装可以换多少内裤？如果是知名品牌的西装,那便可以换很多普通内裤;但反过来,如果是一条知名品牌的内裤,能不能拿一条内裤换到一套普通西装？可能按照市场的客观价值,也是有可能的。

以上,是谈判中需要掌握的四个重要原则。这四个原则包括:把人跟事情分开、重视利益而非立场、产生多重的方案,以及寻觅到客观标准。这四个重点原则的关键在于,必须在维护与对方的关系的基础上来捍卫自己的利益。关系固然重要,可是东西也一样重要。所以哈佛谈判术的精髓就是:既要维护关系,也要得到更多的东西,只有做到这两点,才是真正的谈判高手。

36 对话的战术 2
以议题为中心

在谈判中,因为很重视双方的关系,所以会保护对方的利益,也希望对方帮助自己取得利益,即所谓的"双赢"。也有人认为,比"双赢"更好的是"互利",双方彼此不仅要追求双赢,更要实现互利。想要达成互利,就必须要知道对方的利益在哪里,对方的价值在哪里,并且提出多重方案,以客观的标准来取信对方。这就是上一节哈佛谈判术的重点所在。

在之前的章节中,我们曾经提到过"NOKIA"模型,即将谈判中可能面对的各种议题区分为五种。"N"代表无关议题,"O"代表反对议题,"K"代表关键议题,"I"代表坚持议题,"A"代表共识议题。"NOKIA"模型主要应用于对抗式的谈判中,但如果面对的是寻求共赢互利的对话性谈判,则要用另外一种方式来解决谈判中的分歧与议题。

谈判者会将议题基本分成四大类:

第一类议题是"共好的议题",即利人利己或损人损己。

具体而言,如果某个议题对双方都好,就要去共同完成;如果某个议题对双方不好,就要尽量去规避,实质上也是一种"共好的议题",因为双方共同努力,确保不做损人损己的事。

在任何企业或国际谈判中,共好议题即可以为双方带来利益、增加双方的竞争力,或带来正面结果的议题。比如,两个企业合作后将会打败外国的企业,两个国家合作后将解决某项气候问题、人道问题或安全问题。在谈判中,必须不断地强调双方的合作会带来的好处,同时也要提醒对方,如果双方开始对抗,就会互相伤害。

简而言之,即**合则两利,斗则两伤**。但凡事都不是绝对的,"合"也有可能带来些许的副作用,"分"也可能带来一些好处。尽管"合"的利处往往会大于"分"的利处,但仍需要针对具体情况具体分析,在追求双方合作带来的好处时,也要注意避免双方合作可能产生的弊端。

比如,在结婚前,男女双方难免会进行一场谈判。婚要怎么结?双方要遵守哪些协议?双方要提供哪些条件?这些都会成为桌上要讨论的议题。大家也不要忘记结婚中的"共好议题",结婚会带来许多"好处",比如双方真心相爱,可以朝夕相处,甚至可以拥有共同的房子和孩子。但不一定所有的"共好议题"都是完全没有弊端的,比如结婚就会使个人工作或生活上的自由度降低。所以在商量结婚事宜时,也需要提出方案,来保持个人在工作或生活上的弹性,以示双方的互相尊重。

第二类议题是"利他的议题";第三类议题是"利己的议题",即利人不损己,或是损人不利己。

具体而言,如果某个议题的实现或是破裂,有利于对方,但对于自己却没有差别,就是"利他的议题";如果某个议题的实现或是破裂,有利于自己,对于对方却没有差别,就是"利己的议题"。

在对抗谈判中,许多时候"利他的议题"会被拿来交换"利己的议题",即我给你一些好处,你也给我一些好处。但在对话谈判中,却不是这样精细计算的。如果想与对方达成合作,就要做一些"利他的议题",去促成有利于对方的好事,阻止那些可能损害对方的坏事,并明确地告诉对方,自己并不是要换来什么,而是为了双方的合作,为了双方的关系去做。此时,对方就会产生一种自己必须也要对你好的压力。这种感觉越多,双方关系中的正面因素就越多,双方的目标也就更容易达成了。

所以,无论个人、企业还是国际谈判中,首先要问自己的是:"我能为对方做些什么?"从而去创造双方对话的氛围,改善双方之间的关系,争取日后双方更大的合作。

第四类议题是"有害的议题",即损人利己,或利人损己。

这也是四类议题中最难处理、最有挑战性的议题。比如,对方想借自己的车,但自己今天也需要用车,如果借车给对方,自己就会十分不便,这样就成了一个"有害的议题",需要谨慎地处理。如果双方互相信任关系很好,就可以坦诚告诉对方,如果借车给他,就会给自己带来不便。但如果对方不仅对这种"不便"视而不见,反而还要淡化这种损害,比如他会说:"你借给我车会有什么损失呢?你开车开得这么差,你开车更危险,不如借给我。"甚至以威胁的手段相逼:"如果你不借我的话,我会把你轮胎给扎破,那样你也用不了车。"此时与对方撕破脸,推动双方关系走向破裂是不可取的。不如利用《哈佛谈判术》的方法,改变自己的立场,寻找其他解决的方法。

如果找不到其他的解决方案,可以尝试"降低成本的方法"。比如双方约定好用车的时段,错开时间使用。这样,即使你接受这项"有害的提议",受到的影响就会减少,付出的成本也会降低。此外,也可以通过"补偿法",即按照客观标准,给予遭到损害的一方一定的补偿。比如说,对方借了你的车,又没有办法和你错开使用,致使你遭遇不便,那么就可以让对方支付你这一天的打车钱。无论是降低成本还是给予补偿,都不失为维护双方关系的一种方法,也可以以此促进更多的对话谈判、合作。

总之,在谈判中,双方要尽量地去寻找更多的"共好的议题";利用"利他的议题"来推进双方的关系;在面对"有害的议题"时,要尽量通过降低成本、给予补偿的方法,来避免对抗。以上,都是促成双方达成对话谈判、达成议题的有效招数。

至此,谈判的 36 个步骤就全部介绍完了。在这本书中,相信大家一定学到一些思考谈判的角度、思考谈判的方式,以及可以实际运用的谈判技巧,但有一项原则是务必要牢记于心的。

这项原则是:**谈判既可以对抗,也可以对话**。

对抗是一种竞争,实力强的谈判者往往是赢家。除了要不断地增进自己的实力之外,也要永远记得,世界上没有绝对的赢家。对抗的结果即使是赢,也会因为竞争伤害双方间的关系或在竞争过程中产生内耗,如果对方想要赢回来,则会招致更多未来的对抗。

我们既要做好对抗的准备,也要努力地去寻求对话。好的对话要靠好的沟通、好的关系,要懂得为双方创造出更多的利益和价值。好的对话会达成好的合作,合作最大的好处就是"一加一大于二"。所以无论是个人关系、企业关系还是国际关系,我们都需要追求更多的合作、更多的互利、更多的双赢,让我们一起加油吧!